Introduction to energy and carbon markets

에너지·탄소배출권 시장개론

글로벌탄소배출권연구소
Global Carbon Emission Rights Institute

저자_ 김태선 | 김대형 | 천승혁

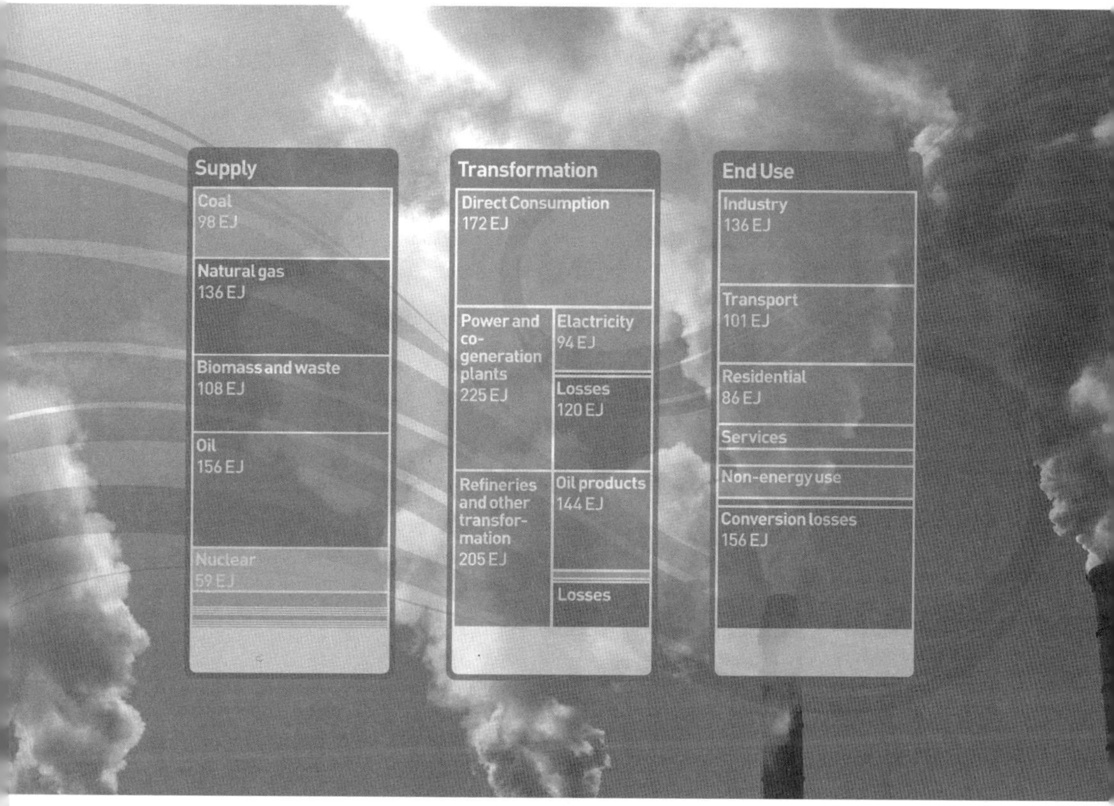

經文社

글로벌탄소배출권연구소 소개 및 감사의 글

저희 글로벌탄소배출권연구소는 20여 년의 파생상품 시장분석 경험을 바탕으로 탄소배출권 선물 · 옵션 전반에 걸쳐 특화된 서비스를 제공합니다. 특히 2015년 탄소배출권 거래제도가 도입됨에 따라 탄소배출권시장에 대한 대응력 제고 차원에서 시장 밀착형 토털 솔루션(Total Solution) 정보시스템을 구축하고 있습니다.

본 연구소는 글로벌 탄소배출권 시장분석, 경기 펀더멘탈 D/B, 전력 · 석탄 · 가스 · 탄소 · CDM 프로젝트 D/B, 탄소배출권 투자전략, 탄소배출권 선물 · 옵션 거래연계, 에너지 파생상품 컨설팅 업무를 중심으로 고객 니즈(Need)를 파악하여 탄소배출권 시장 참가자들에게 최적의 맞춤 서비스를 구축하고 있습니다.

전력 · 석탄 · 가스 파생상품과 탄소배출권을 기초자산으로 하는 EUA · CER 선물거래, 옵션거래, 스왑거래, 레포거래, 차익거래, 캐리-트레이딩 등 다양한 파생상품의 금융공학 기법을 바탕으로 선진화된 특화 투자전략 및 위험관리 기법을 제시하고자 합니다.

CDM 프로젝트와 관련하여 열병합발전, 태양광, 바이오가스, 소수력발전, 풍력발전, 매립지가스, 연료전지, 바이오매스 분야를 중심으로 한계저감비용(Marginal Abatement Cost) 분석 Tool를 제공하고 있으며 또한 CDM 프로젝트 포트폴리오 관리 제고를 위한 MACC 분석 및 최적의 배출권 매매 시스템을 구축하고 있습니다.

글로벌탄소배출권연구소가 보유하고 있는 2,900여 개의 광범위한 데이터베이스를 이용하여 과학적이고 객관적인 시장분석을 통해 고객 여러분께 최적의 탄소배출권 관련 시장정보 서비스를 제공하는 비즈니스 파트너가 되기를 희망합니다.

끝으로 10년 동안 곁에 있는 한나 아빠와 연구소에 듬직한 버팀목인 김대형 센터장, 이경재 연구원에게 깊은 감사를 드립니다. 또한 여러 가지 어려운 여건 속에서도 출간을 허락해주신 도서출판 경문사 한헌주 대표님과 김재홍 부장님께 감사의 말씀을 올립니다. 아울러 수정작업이 많았던 원고를 잘 다듬어주신 편집부 한지윤 대리님께도 감사의 말씀을 드립니다.

글로벌탄소배출권연구소
김태선 소장

추천의 글

에너지 자원 확보를 둘러싼 각국 간의 경쟁은 치열함을 넘어서 국제 간의 분쟁을 초래하고 있습니다. 중국의 자원 확보외교, 중일 간의 센카쿠열도 분쟁, 중국과 필리핀 간의 남중국해 영유권 분쟁, 중미 간의 에너지 수송 해로를 둘러싼 분쟁, 한일 간의 독도 분쟁 등등의 근저에는 에너지 자원이 자리하고 있습니다.

더욱이 각 국가들의 대체 신재생 에너지 개발에도 불구하고 화석원료에 대한 의존은 절대적이어서 지구온난화에 따른 기후와 환경문제는 피할 수 없게 되었습니다. 우리는 이것을 어떻게 시장 메커니즘으로 효율적으로 풀어갈 것인가에 대해 의문을 갖지 않을 수 없습니다.

이 책의 저자인 김태선 박사는 에너지 문제와 금융, 환경과 금융을 연결하려는 연구에 오랫동안 집중해왔습니다. 단지 금융을 위한 금융이론이 가져온 병폐는 포트폴리오 보험 사태, LTCM 사태, Synthetic CDO의 금융위기 등등 이루 말할 수 없이 많습니다. 인류의 공동선을 위한 금융으로서 녹색금융(Carbon Finance)은 이제 우리 곁에 성큼 다가와 떳떳이 자리잡아야 합니다.

이를 위해서 우리들이 먼저 이해해야 할 것이 에너지 자원과 시장에 관련된 지식입니다. 본서는 물리적 자원이 아닌 경제적 상품 및 금융거래 요소로서의 에너지 시장에 대해 상세히 소개하였습니다.

에너지 시장에 대한 이해의 기초 위에서 우리는 탄소 거래시장이 어떻게 형성 발전되어갈 것인가를 가늠할 수 있을 것이며 그런 점에서 본서는 그에 대한 지식을 충분히 제공하고 있습니다.

2012년 5월 국회에서 탄소거래가 인준된 이후 2015년까지 한국경제는 국내탄소 배출량을 기초로 배출량목표를 설정케 됩니다. 미래는 우리 앞에 와 있으며 현재는 미래의 부분일 뿐입니다. 현재가 아닌 다음 세대를 위한 경제 및 환경주제로서 에너지문제, 인류의 실체적 공동선을 위한 금융주제로서 탄소금융을 위해 본서를 감히 추천코자 합니다.

2013년 4월
동서대학교 경영학부 김홍배 교수

들어가는 말

탄소배출권 시장은 세계경제구조를 재편할 정도의 파괴력이 전망된다. 이러한 전망의 배경에는 에너지시장의 구조적 개혁이 수반되는 동시에 자원민족주의 차원에서 새로운 시장패권의 변화를 예상할 수 있다.

지구온난화 및 자연재해를 통해 EU, 미국은 헤게모니에 대한 새로운 정립으로 글로벌 패권을 강화하려는 움직임도 엿볼 수 있다. 유럽지역은 신재생에너지 부문을 통해서, 그리고 미국은 세일가스라는 에너지원을 통해서 주도권을 확보하려는 움직임을 보이고 있다.

최근 셰일가스 생산으로 미국 내 천연가스가격은 국제가격의 7분의 1 수준으로 하락했다. 미국의 전력회사들이 셰일가스를 이용한 전력생산으로 석탄가격이 하락하는 현상이 나타났다. EU지역은 2020년까지 1990년 대비 온실가스를 80% 줄이겠다는 목표를 설정했으나 유럽 전력회사들은 국제석탄 가격이 하락하자 석탄발전소를 증설하려는 움직임을 보이고 있다.

화석연료가격은 가스보다 석탄이 저렴하지만 온실가스 배출량은 가스보다 석탄이 많다. 즉 탄소배출권 가격이 높아질수록 가스를 선택하는 것이 유리하고 탄소배출권이 낮아질수록 석탄을 선택하는 것이 유리한 상황이 조성된 것이다.

우리나라는 세계 10위의 에너지 소비국가로서 우리나라의 에너지 소비는 지속적으로 확대될 것으로 예상되고 있다. 그러나 총 소비에너지의 약 97%를 해외 수입에 의존하고 있고, 특히 석유는 중동에서 82%를 수입하는 등 에너지 수요와 공급 구조는 매우 취약한 상황이다.

한편, 기후변화에 대응하기 위하여 기후변화협약 교토의정서가 2005년 2월에 발효되고 온실가스 배출억제를 위한 국제적 환경 규제가 더욱 강화됨에 따라 화석연료 중심의 에너지 시장에 대한 이해와 신·재생에너지 시장에 대한 능동적인 대응전략이 필요한 시점이다. 2005년 대비 2011년 현재 글로벌 탄소배출권 시장규모는 1,500% 상승세를 보이는 가운데 2020년에는 주요 지역을 중심으로 한 글로벌 탄소배출권시장은 연계되어 운영될 가능성이 높다.

탄소배출권 시장 등장은 에너지시장의 개편과 더불어 화석연료의 수급에도 변화를 초래하고 있는 만큼 에너지시장과 탄소배출권 시장 간의 연계 관점에서 양 시장을 이해해야 한다. 본서는 이러한 관점에서 에너지시장에 대한 전반적인 이해증진을 위해 각 장마다 에너지 시장별로 현황 및 가격동향을 분석하였다.

2013년 4월

김태선, 김대형, 천승혁

차례

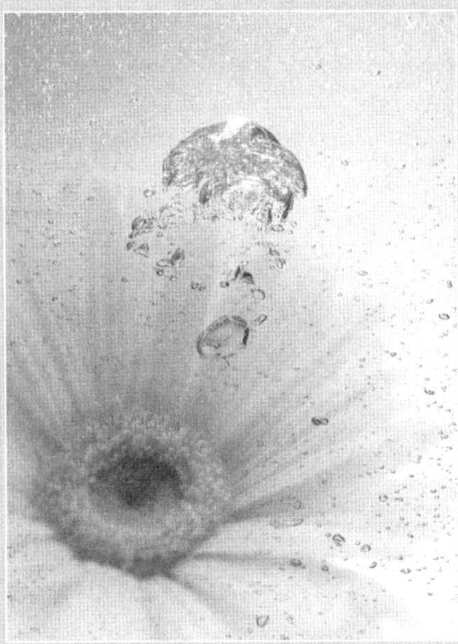

01 에너지 개괄

에너지는 21세기 세계 경제에 가장 주요한 원자재로 자리잡고 있으며 제한된 자원량으로 인하여 테러의 위험까지 나타내고 있는 상품이다. 한편 지난 세기 동안 급등하는 기름값은 핵, 바이오엔진, 연료전지, 풍력, 하이브리드 등과 같은 대체 에너지 발전에 지대한 영향을 미치고 있으며 이러한 결과로 인하여 우라늄, 백금, 루테늄, 물, 설탕, 옥수수 등의 상품에도 변화를 일으키고 있다. 하지만 이러한 발전에도 불구하고 아직까지 세계경제는 원유에 크게 의존하고 있다. 비록 지난 30년간 OPEC의 세계 원유 생산량 비중치가 50%에서 35%로 감소하였지만 여전히 글로벌 재고량의 약 75%를 관리하고 있다. 특히 이 중 80%에 육박하는 물량이 중동지역에 위치하고 있다. 에너지 시장에서 원유는 가장 주요한 상품으로 NYMEX에 상장되어 있는 서부산 텍사스유는 전 세계에서 가장 활발하게 거래되는 상품선물이다. 2005년에 6천만 계약을 넘어섰으며 ICE의 브랜유의 약 2배 높은 거래량을 보이고 있다.

글로벌 에너지 소비는 지난 25년 동안 약 60%가 증가했다. 다음 25년 동안에는 35~40% 증가가 예상된다. 석유의 경우 상업적으로 거래된 주요 원료 중에 약 35%를 차지하였다. 지구 온난화 및 환경 문제에도 불구하고 에너지 수요의 23%를 보인 가스 다음으로 석탄은 26% 소비 증가세를 기록하였다.

핵에너지는 신재생에너지를 포함한 전체 에너지 중에서 6% 증가하였으며 수력의 경우 약 10%의 증가세를 보였다.

에너지원에 대한 정부의 지원과 오일가격의 급등으로 태양광, 지열 및 조력 전력과 같은 신재생에너지 부문과 바이오 에너지 부문의 급격한 성장세를 촉진시켰다.

그럼에도 불구하고 신재생에너지 부문은 전 세계 에너지 중 2% 이하의 성장세를 보였다.

나무, 토탄과 동물배설물과 같은 연료는 경제적으로 매우 중요하다. Exxon Mobil은 바이오매스 및 폐기물은 전 세계 에너지 소비의 9% 정도를 차지하는 것으로 추정하고 있다. 그러나 이 부문에 대한 내용은 글로벌 통계에는 잡히지 않고 있다.

빠른 인구성장, 경제 확장, 도시화 등으로 인해 대체 에너지원에 대한 빠른 성장세가 예상된다. 그러나 이러한 대체 에너지의 성장세에도 불구하고 세계경제는 다음 20년 혹은 30년 동안 여전히 석탄, 원유, 가스로 대표되는 화석연료에 여전히 의존할 것으로 전망된다. 에너지의 사용은 OECD 국가가 47%, Non-OECD 국가가 53%를 차지하는 이원화된 구조를 보이고 있다.

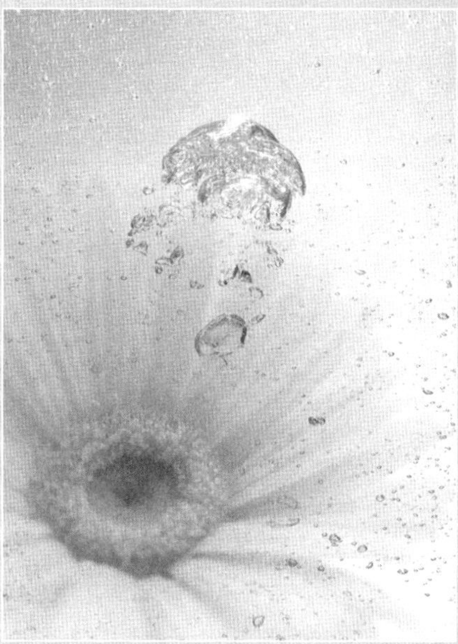

석탄시장

석탄의 종류는 기본적으로 가연성, 퇴적암, 유기암, 등의 종류로 나뉘며, 탄소, 수소, 산소 등으로 구성되어 있다. 위의 표에서 확인할 수 있듯이, 석탄의 종류는 종류별 에너지 포함량과 질, 사용용도에 따라서 구분이 된다. 가장 낮은 단계로는 갈탄(26~52% 탄소)과 아역청탄(37~56% 탄소)로 나뉘며, 기준은 수분과 탄소함유량에 의해서 결정된다. 갈탄은 대규모 전력에 사용되고 아역청탄은 전력에도 사용되지만, 대부분 시멘트제조와 기타 산업용으로 이용된다. 상위 레벨에서 석

그림 2.1 석탄의 기본 종류 및 사용처

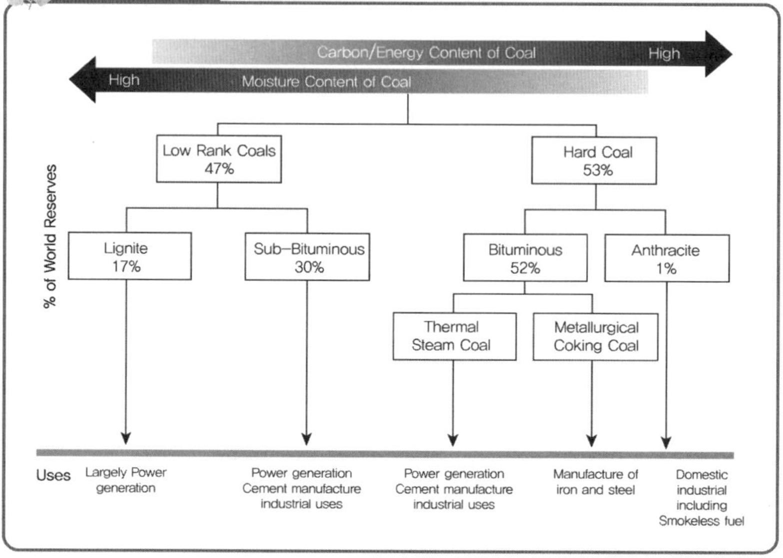

출처: World Coal Institute(WCI)

탄은 역청탄(45~86% 탄소)과 무연탄(81~98%)로 분류되며, 분류 기준은 석탄의 강도에 의해서 결정된다. 또한 상위 레벨의 석탄은 갈탄 및 아역청탄 등의 하위 레벨보다 더 높은 에너지를 창출해낸다. 역청탄은 다시 기관용 석탄(Steam Coal)과 점결탄(Coking Coal)로 나눌 수 있다. 점결탄은 철강 생산에 매우 중요한 석탄이며, 기관용 석탄은 대부분 전력에 사용된다. 마지막으로 무연탄은 매우 희귀한 석탄의 종류로 대부분 무연연료에 쓰여진다. 〈그림 2.2〉에서 확인할 수 있듯이 대부분의 석탄은 전력에 사용되고 있으며, 현재 세계 에너지 자원의 사용 중 약 30%에 해당되는 중요한 에너지 자원이다.

그림 2.2 석탄 주요 사용처

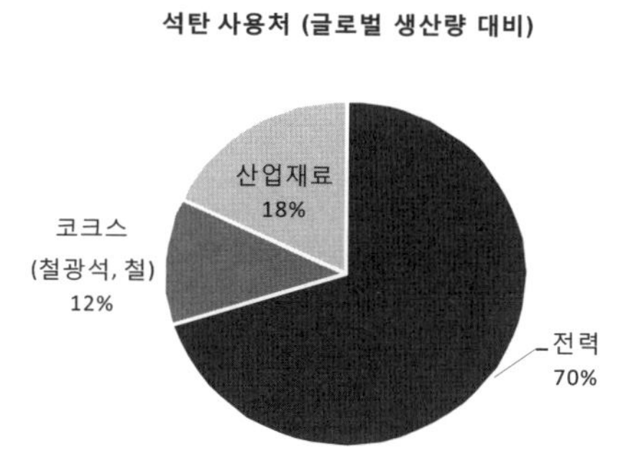

출처: World Coal Institute(WCI)

그림 2.3 연료별 에너지 소비 비중

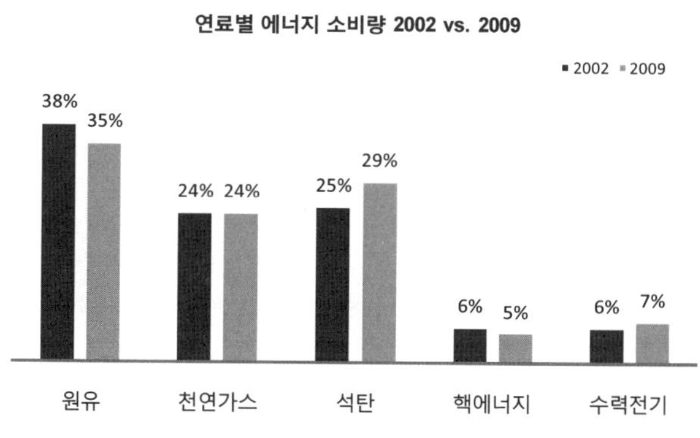

출처: BP Annual Statistical Review of Energy 2010

그림 2.4 석탄 발전 과정

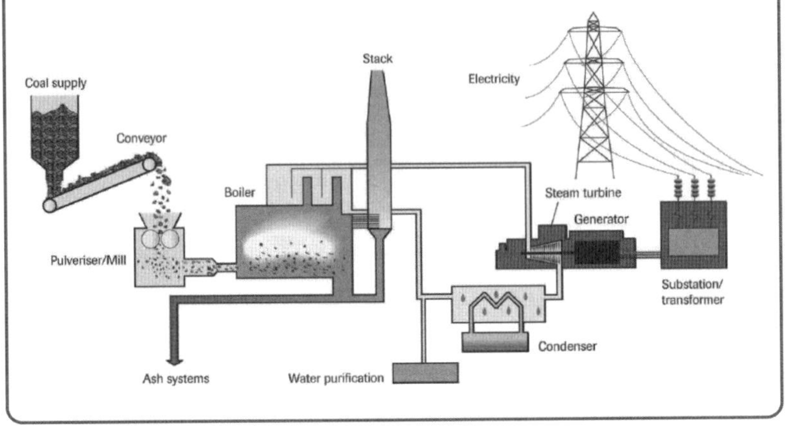

출처: World Coal Institute(WCI)

그렇다면 기관용 석탄이 전력에서 어떠한 순서로 어떻게 사용되는 것일까? 첫 번째 단계로는 땅속에서 석탄을 채취하여 제련에 의해서 불순물이 제거된다. 이후 기차나 배 등을 이용하여 발전소로 이동된다. 두 번째 단계는 이동된 석탄을 분쇄하여 파우더 입자로 형태를 변형시키고, 연소실에 투입된다. 연소실은 높은 온도로 파우더를 태우는 역할을 수행하며, 고온에서 파우더는 고압증기로 변형된다. 이후 이 고압증기는 터빈으로 이동되어 전력을 발생시킨다. 위의 〈그림 2.4〉는 이 과정을 나타낸 그림이다.

석탄은 글로벌 전력에 중요한 원자재로 사용되면서 석탄 상품의 파생상품 필요성은 명확한 사실이 되었다. 현재까지 많은 국가들이 자국 내에서 생산되는 석탄을 내수용으로 사용하고 있지만, 다른 원자재와 마찬가지로 석탄 시장 역시 수출우위 국가와 수입우위 국가가 존재하면서 석탄 거래 시장이 형성되었다.

현재 석탄 시장을 통해서 거래되는 석탄의 거래량은 글로벌 총 소비량의 약 20%에 해당하는 수치로 석탄 시장은 점점 발전해 나가고 있다. 다른 원자재와 마찬가지로 석탄 가격 역시 서브프라임 전까지 큰 폭의 상승세를 기록하였으며, 서브프라임 이후, 기타 에너지 상품과 마찬가지로 가격이 상승하는 추세를 보이고 있다. 가격 상승의 주요 원인으로는 중국과 인도의 수요

그림 2.5 API 2[1] & API 4[2] 선물가격

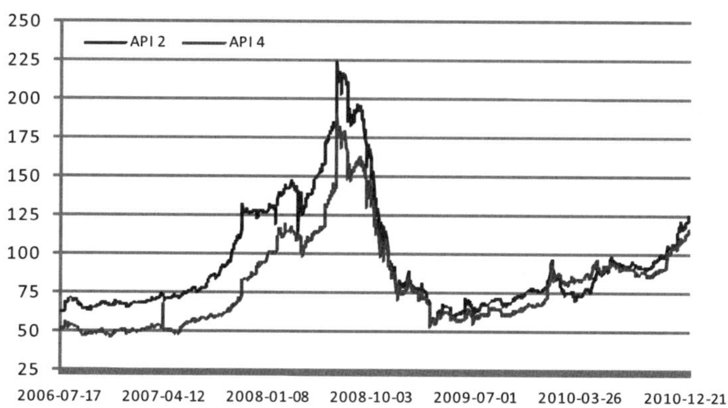

출처: Reuters

그림 2.6 천연가스, 원유, 석탄 가격

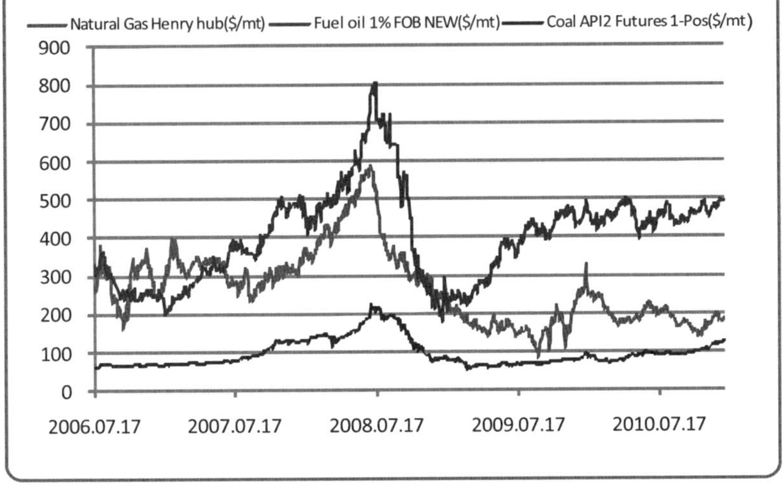

출처: Bloomberg

증가를 꼽을 수 있다. 또한 〈그림 2.6〉을 살펴보면, 석탄이 글로벌 에너지 시장에서 높은 수요를 보이고 있음에도 불구하고, 기타 에너지 자원대비 가격이 여전히 낮은 수준인 것을 확인할 수 있다. 석탄은 기타 에너지 상품과 비교하여 아직까지는 펀더멘탈적 영향을 가장 많이 받는 제품으로 여겨지고 있다.

1) API 2=CIF ARA, 6,000kcal/kg, NAR

2) API 4=FOB Richards Bay-South Africa 6,000kcal/kg, NAR

수요 펀더멘탈

석탄 수요의 대부분은 전력에서 오고 있으며, 글로벌 전력의 약 38%가 석탄으로 공급되고 있다. 특히 이머징마켓과 개발도상국가들이 대부분의 전력을 석탄으로 공급하고 있다. 석탄은 기타 에너지 대비 전력 출력량이 높고 가격이 저렴한 이점을 지니고 있지만, 환경적 문제를 지니고 있어 선진국가보다는 이머징마켓과 개발도상국가들에서 주로 사용된다. 특히 중국과 인도가 석탄 수요의 키플레이어로 등극되어 있으며 중국의 석탄 의존도는 매우 높은 수준인 것으로 나타나고 있다.

기타 에너지 자원 대비 석탄의 이점은 다음과 같다. 석탄은

그림 2.7 Comparative reserve-to-production ratio's between major fossil fuels(2009년 기준)

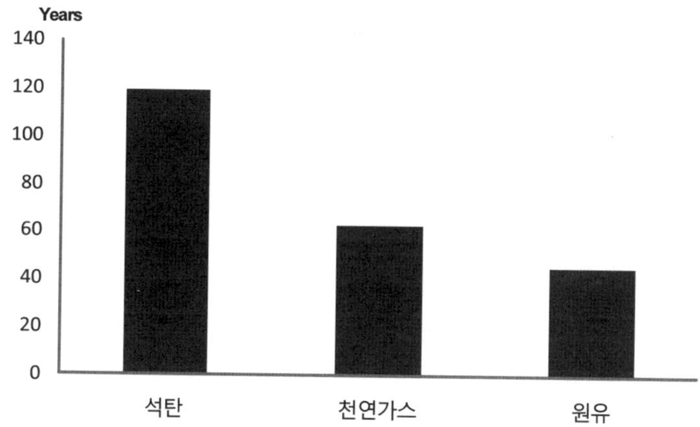

출처: BP Annual Statistical Review of Energy 2010

기타 화석연료 대비 글로벌 매장량이 풍부한 자원이다. 또한 생산지역 역시 일부에 국한되어 있지 않고, 생산지역이 세계 곳곳에 위치하면서 원유 및 가스 대비 보다 안정적인 수급을 보이고 있다. 생산지역이 여러 곳에 위치하면서 기타 에너지 자원대비 짧은 운송거리를 지니며, 운송 및 저장 또한 용이하다.

석탄의 수요는 다음의 2가지에 의해서 영향을 받는다. 첫째, 발전소별로 전력의 수요를 충족시키기에 석탄이 가장 용이하다. 기타 에너지 자원대비 전력 출력량이 높고 자원 역시 풍족하기 때문에 가능하다. 또한 비용적 측면에서 석탄은 큰 이점을 지니고 있다. 기타 화석 에너지는 물론, 신재생 에너지 및 대체 에너지 대비 낮은 가격을 보이면서 많은 발전소들이 석탄의 사용을 이어가고 있다. 둘째, 석탄은 탄소 배출이 높은 에너지로, 미국의 총 탄소 배출량 중, 약 36%의 비중을 차지하고 있다. 최근 유럽을 포함한 세계 각국이 전력 생산시 발생되는 탄소 배출량을 비용으로 환산하면서 석탄의 운영비(Operation Cost) 역시 증가하고 있다. 각국의 정부들 역시 탄소 배출에 대한 관심이 높아지면서 석탄 발전소의 수요 역시 향후 탄소 배출에 의해서 결정될 것으로 예상된다.

최근 석탄은 전력의 수요 외에도 석탄액화(Coals-to-Liquids)가 석탄시장에서 주목받고 있다. 석탄액화의 개념은 석탄을 고온, 고압의 상태에서 용매를 사용하여 휘발유 및 디젤유 등의 액체 연료로 전화시키는 기술이다. 석탄액화는 1920년대 독일에서 개발을 시작하였으며, Sasol사는 이미 석탄액화를 생산하면서 독일의 휘발유와 디젤유의 총 수요 중 약 30%에 해당하는 수준의 생산량을 보이고 있다. 하지만 아직까지 석탄의 최대 생산국가들인 미국, 중국, 인도에서 활용하지 않으면서 현재 석탄시장에 미치는 영향을 미비한 수준이다.

석탄액화가 원유 및 가스를 대체하지 못하고 있는데 이는 두 가지 이유가 있다. 첫 번째 이유는 석탄액화의 높은 생산비용이다. 하지만 최근 원유 가격이 급등하면서 현재와 같은 높은 수준에서는 상용화가 가능할 것으로 판단되고 있다(현재 원유 가격이 $100 이상으로 높은 가격을 보이고 있지만, 석탄 가격 역시 상승하면서 상용화가 가능한 정확한 가격 수치 산출은 아직까지 이루어지고 있지 않음). 두 번째로는 최근 바이오엔진 등과 같은 대체 연료가 개발되면서 대체 연료 대비 탄소 배출이 높은 석탄액화의 개발을 꺼리는 국가들이 증가하고 있다.

석탄 공급

석탄의 공급 메커니즘은 석탄이 세계 여러 지역에서 풍부한 매장량이 확인 가능하므로 석탄을 필요로 하는 장소까지의 운송과 광산 등의 요인에 의해서 결정된다. 석탄은 현재 세계 70개 국가에서 발견되며, 이 중 50개 국가에서 생산이 이루어지고 있다. 이 중 중국, 미국, 인도, 호주, 러시아 등이 주요 생산국가로 자리잡고 있다. 석탄의 생산유보율(Reserve to Production Ratio: RP)은 2009년 기준 119년으로 집계되면서 원유(45.7년), 천연가스(62.8년)과 비교하여 매장량이 매우 풍부한 자원인 것을 확인할 수 있다. 하지만 매년 RP가 감소추세를 보이면서 석탄의 매장량

〈표 2.1〉 석탄 매장 상위 10개국(Million tonnes)

국 가	무연탄 및 역청탄	아역청탄 및 갈탄	합 계	비 중
미국	108,950	129,358	238,308	28.9%
러시아	49,088	107,922	157,010	19.0%
중국	62,200	52,300	114,500	13.9%
호주	36,800	39,400	76,200	9.2%
인도	54,000	4,600	58,600	7.1%
남아프리카	30,408	–	30,408	3.7%
우크라이나	15,351	18,522	33,873	4.1%
카자흐스탄	28,170	3,130	31,300	3.8%
폴란드	6,012	1,490	7,502	0.9%
브라질	–	7,059	7,059	0.9%
World	411,321	414,680	826,001	100.0%

출처: BP Annual Statistical Review of Energy 2010

역시 장기적으로는 매우 안정적인 자원으로 여기기에는 어려움이 있다.

석탄은 광산 원자재로 땅 속 혹은 지면에서 채탄이 가능하다. 만약 석탄이 지면에 가깝게 매장되어 있다면 광산이 경제적인 것으로 판단되며, 작업의 위험도도 낮아진다. 주요 생산국인 중국은 소규모 광산들을 안전 문제로 채굴을 중단시켰지만, 최근 가격 상승과 함께, 소규모 광산들이 불법적으로 채굴을 시작하고 있으며, 정부 역시 일부 광산을 재가동하면서 중국 석탄 생산량에 영향을 줄 것으로 분석된다.

그림 2.8 중국의 석탄 매장량 및 생산량

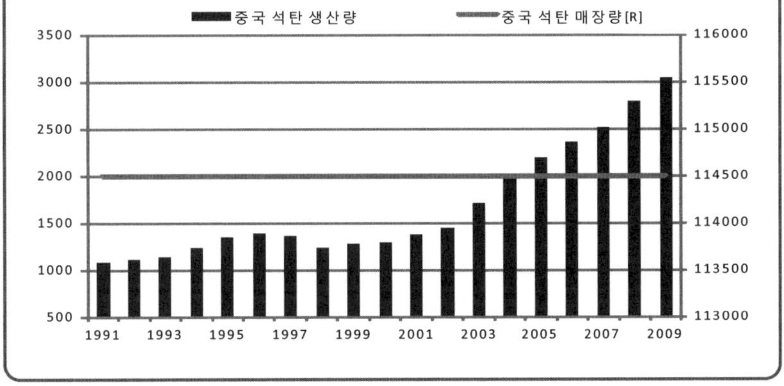

출처: BP Annual Statistical Review of Energy 2010

석탄의 운송은 지역별로 여러 방법이 사용된다. 러시아에서는 비교적 짧은 거리의 운송이 많아서 트럭과 컨베이어가 이용되며, 이동거리가 좀 더 먼 남아프리카 지역은 기차와 바지선을 사용한다. 또한 파우더와 슬러리 타입으로 변형되어 파이프라인을 통한 운송도 가능하고 장거리는 Handymax(40~60,000DWT)와 Capesize vessels(80,000+DWT) 등의 해상운임을 이용한다. 석탄은 총 4가지 종류(Handy, Handymax, Panama and Capsize)의 선박이 사용된다. 벌크 운송 중 석탄이 총 물동량의 20%, 점결탄 7~8%, 철광석 25%의 비중을 차지하고 있다.

석탄 운송의 핵심요인은 첫째, 항구별로 하중작업 가능 여부와 컨테이너 상황 등 항구에 관한 펀더멘탈적 요인이 석탄 운송에 중요한 요인으로 작용한다. 둘째, 선박이 이동될 경우, 선주들은 선박의 컨테이너 물동량이 모두 채워졌을 때, 출발하게 된다. 따라서 현재 항구에 있는 선박들의 물동량 여부 역시 석탄 운송에 고려된다. 해상운임이 석탄에 중요한 또 하나의 이유는, 석탄의 수급이 선박과 연관되어서 해상운임 가격이 석탄의 가격에 영향을 주기 때문이다. 석탄은 크게 Atlantic Basin(European-USA)과 Pacific-Basin(Australasia) 두 가지 루트(Route)가 가장 중요하다.

북서부 유럽의 핵심 석탄 가격은 API 2 CIF ARA(Amsterdam, Rotterdam and Antwerp, 6,000kcal/kg, NAR)과 API 4(FOB Richards Bay - South Africa, 6,000kcal/kg, NAR)이다. 유럽시장에서는 Route 4(Richards Bay－ARA)와 Route 7(Puerto Bolivar, Colombia－ARA)의 두 가지 루트 핵심이며 선물 거래가 가능하기 때문에, 석탄과 해상운임을 조합한 거래 방법이 널리 이용되고 있다.

글로벌 석탄 수출입동향

석탄의 국제거래는 Atlantic(40%), Pacific(60%) 두 유역에 집중되어 있다. Atlantic 시장은 영국, 독일, 스페인 등의 석탄 수입 국가들에 의해서 형성되었으며, Pacific 시장은 일본, 대한민국, 대만 등의 수입 국가들에 의해서 발전하고 있다. 수출국가로는 호주가 가장 중요한 국가로 자리매김하고 있으며, 주로 일본, 한국, 대만에 수출하고 있다. 남아프리카는 또 다른 주요 수출 국가로 유럽과 인도에 수출을 주력하고 있다.

이미 언급한 바와 같이 미국, 러시아, 호주, 중국, 인도, 남아

그림 2.9 전 세계 석탄거래

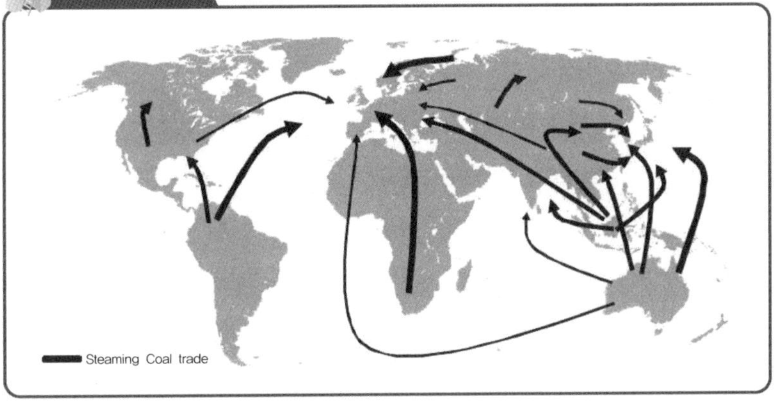

출처: IEA

그림 2.10 주요국 석탄소비지수

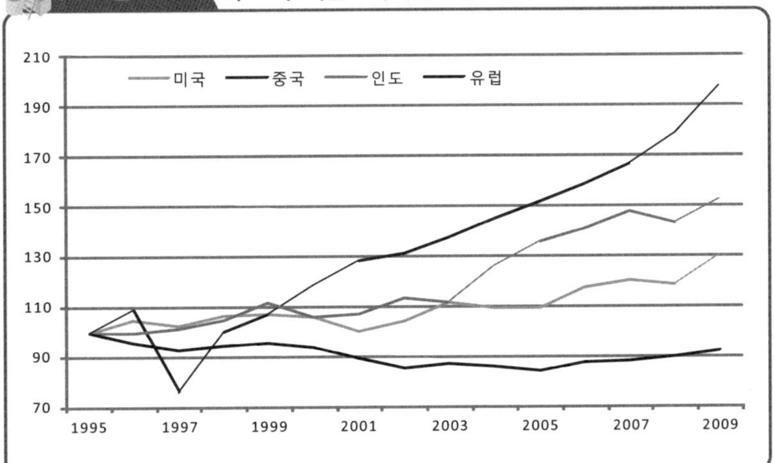

출처: BP Annual Statistical Review of Energy 2010

프리카가 주요 석탄 보유 국가다. 하지만 중국과 인도는 대부분의 생산량을 내수용으로 소화해 내므로 이들 두 국가는 석탄 수출국가에서 제외되며 수입 우위 국가로 분류되고 있다. 또한 중국과 인도 두 국가 모두 현재의 석탄 전력 방법을 유지할 것으로 예상되면서 두 국가의 수요는 여전히 긍정적이다.

중 국

앞서 확인한 바와 같이 중국은 많은 석탄 매장량에도 불구하고 수입 우위 국가로 나타나 있다. 그 이유는 중국 전력의 약 70~80%가 석탄으로 만들어지고 있으며, 산업용 연료에서는 50%, 화학공업 연료 분야에서는 약 60% 비중으로 석탄이 사용되면서 중국에서 석탄은 매우 중요한 에너지 자원으로 자리잡고 있다. 중국 철길의 45%는 석탄 운송에 이용되고 있으며 중국의 총 전력량 역시 매년 증가하면서 석탄의 수요는 매우 긍정적이다.

여전히 경제성장 중인 중국은 신재생 에너지에 대한 관심을 높여가고 있지만, 비용과 시간적 측면에서 여전히 석탄을 선호하고 있다. 따라서 현재까지 지어지고 있는 대부분의 발전소 역시 석탄 발전소가 주를 이루고 있다. 중국 정부는 환경 문제로 인하여 향후 석탄 소비를 감소시킬 것이라 발표하였지만, 2030년도까지 중국의 주요 원료는 석탄이 될 것으로 전망된다.

그림 2.11 중국 석탄 수출－수입거래

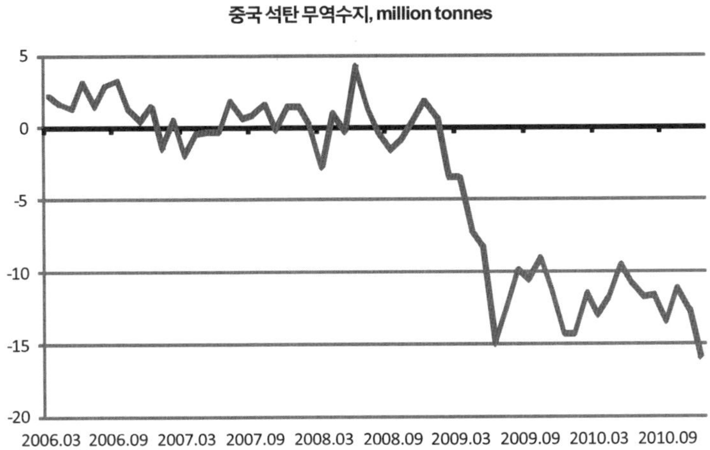

출처: China Customs

〈표 2.2〉 중국 석탄 발전과 이산화탄소 배출량

Reference scenario	1990	2005	2015	2030
Generation(TWh)	471	1,996	4,326	6,586
Capacity(GW)	87	368	814	1,259
CO_2(Mt)	598	2,424	4,328	5,997
Emissions ratio(t CO_2/MWh)	1.27	1.21	1.00	0.91

출처: IEA

그림 2.12 **중국 산업별 석탄 소비 비중**

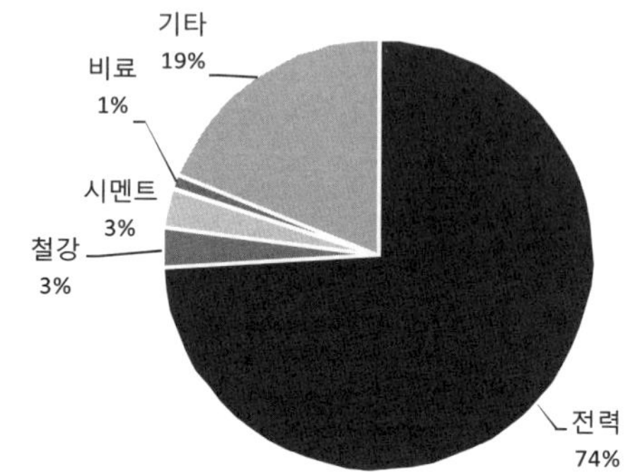

출처: Government of India, Ministry of Coal

인 도

인도 역시 중국과 마찬가지로 풍부한 석탄 매장량에도 불구하고 경제성장을 경험하면서 에너지 자원 확보를 위해서 석탄 수입이 활발하게 이루어지고 있다. 인도는 현재 호주, 인도네시아, 남아프리카 지역에서 석탄을 수입하고 있으며, 현재 세계적으로 광산 개발 프로젝트에도 참여 중이다.

인도의 석탄 수출은 향후 지속적으로 글로벌 석탄 시장에 큰 영향을 줄 것으로 분석된다. 인도는 현재 총 석탄 수요 중 약 75% 수준이 전력에 사용되면서 매년 증가 추세를 보이고 있고, 2030년까지 매년 약 2.5%의 성장을 기록할 것으로 전망된다. 인도의 전력사업 계획은 5년마다 새로 갱신되고 있으며 2013년 이

그림 2.13 **인도 석탄 소비량**(million tonnes)

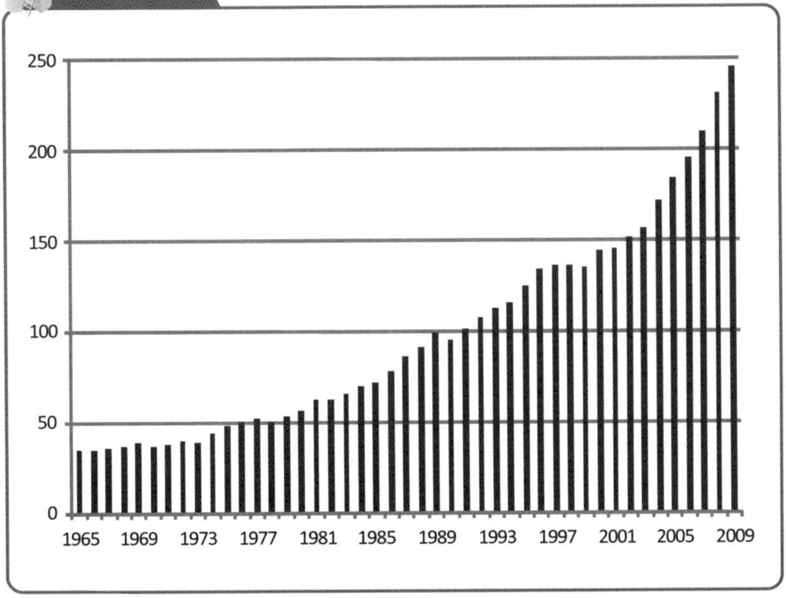

출처: Government of India, Ministry of Coal

후에도 계속해서 새로운 발전소를 개발할 것으로 계획되어 있으며, 인도 정부는 78GW의 생산력을 지닌 석탄 발전소를 신규 개발할 것으로 예정하고 있다. 지난 전력 사업 연도인 2007년 3월에 12GW의 신규 생산과 비교하면 크게 증가한 수치이다.

대부분의 신규 발전소들은 해안가에 위치해 있어 향후 석탄 수입에 의존한 전력 사용 의지를 대변해 주고 있다. 또한 인도 정부는 일반 사업자들에게도 석탄 광산 허가를 내주기 시작하면서 인도의 석탄 수요는 매우 증대될 것으로 전망된다.

호 주

호주는 글로벌 석탄 시장에서 가장 중요한 수출 국가로 자리 잡고 있다. 호주에서 생산되는 석탄의 75% 정도는 아시아 지역으로 수출되고 있다. 호주에서는 갈탄과 흑탄이 생산되며, 흑탄이 수출용으로 사용된다. 아시아 지역에 높은 수출량을 보이고 있지만, 거리적 문제로 인하여 유럽 지역에의 수출은 많이 이루어지고 있지 않다.

호주의 Newcastle Port(세계 최대규모 석탄 터미널) 가격은 아시아의 석탄 시장의 벤치마크 가격으로 사용된다. 따라서 호주의 기후 등과 같은 요인이 아시아 석탄 가격에 영향을 준다. 한편 호주 정부는 주요 석탄 터미널 시설의 생산력을 확장시키면서 증가하는 아시아 수요에 대비하고 있다.

환경 이슈와 더불어 최근 석탄의 가격에 탄소 배출량의 가격이 더해지면서 수출용으로만 사용하던 흑탄의 내수 수요가 증가될 것으로 전망된다. 현재 호주에서 내수용으로 주로 사용되는 갈탄은 탄소의 함유량이 흑탄보다 높은 제품이지만 가격 이점으로 인하여 호주에서 사용되고 있었다. 하지만 탄소 배출량 가격 시스템으로 더 이상 가격의 큰 이점을 보이지 못하는 갈탄의 소비량이 점차적으로 감소될 것으로 전망되면서 향후 호주의 내수용 석탄 소비량이 아시아 석탄 확보에 큰 이슈가 될 것으로 판단된다.

〈표 2.3〉 오스트리아 석탄 수출 터미널

Location	Coal terminal	Operator	Coal capacity (Mtpa)	Potential expansion (Mtpa)	No. of berths	No. of ship–loaders	Coal dedi–cated?
New South Wales							
Newcastle	Carrington	Port Waratah Coal Service Ltd	25	–	2	3	Yes
Newcastle	Koorangang	Port Waratah Coal Service Ltd	52	120	3	2	Yes
Newcastle	"Third Terminal"	Newcastle Coal Infrastructure Group	–	66	–	–	
Port Kembla	Port Kembla	Port Kembla Coal Terminal Ltd	16	–	2	3	No
Queensland							
Abbot Point	Abbot Point	Abbot Point Bulkcoal Pty Ltd	15	50	1	1	Yes
Brisbane	Brisbane	Queensland Bulk handling Pty Ltd	5	–	1	1	No
Gladstone	R G Tanna	Gladstone Port Authority	5	7	1	1	Yes
Gladstone	Wiggins Island	Gladstone Port Authority	45	62	2	2	Yes
Gladstone	Dalrymple Bay	Central Queensland Ports Authority	–	70	–	–	
Hay Point	Central Queensland	Dalrymple Bay Coal Terminal Pty Ltd	56	85	2	2	Yes
Hay Point	Coal Associates	Hey Point Services Pty Ltd	35	57	2	2	Yes
Total			254	517	16	17	

출처: Barclays Capital

인도네시아

인도네시아는 중국 남부 지방과 가까운 지역에 위치하면서 현재 세계 최대 유연탄(thermal coal) 수출국가로 자리잡고 있다. 인도네시아의 매장량은 갈탄 59%, 아역청탄 27%, 역청탄 14% 수준이다. 인도네시아는 대부분의 수출을 아시아 지역으로 하고 있지만, 기술력과 장비의 부족으로 생산력 확장에 어려움을 겪고 있다. 또한 인도네시아의 높은 강우량 역시 생산력에 제한을 주고 있다.

남아프리카

남아프리카는 대부분의 에너지는 석탄으로 만들어지고 있다. 전체 생산량의 약 77% 정도는 내수용으로 사용되고 있으며, 28% 정도가 Richards Bay Coal 터미널을 거쳐서 수출되고 있다. 터미널의 생산력은 지속적으로 증가하고 있지만, 남아프리카 내 주요 운송 수단인 철도의 수송력이 한정되면서 증가하는 터미널의 생산력이 활용되지 못하고 있다. 제한된 철로 수송력 외에도 최근 남아프리카 내에서 전력 공급이 차질을 보이면서 정전사태가 종종 발생되고 있다. Eskom사(남아프리카 주요 전력 업체)는 남아프리카의 석탄 수출이 지속적으로 증가될 경우 내수용 전력 생산에 차질을 보일 수 있는 것으로 전망하면서 향후 남아프리카 수출량이 감소될 수 있는 가능성을 지니고 있다.

러시아

러시아는 향후 수출량이 가장 크게 증가될 가능성을 가장 많이 지닌 나라로 분류되고 있다. 러시아는 현재 주로 철도를 이용하여 근접 국가들에게 수출을 집중하고 있다. 러시아는 향후 동부 장거리 지역의 석탄 수출에 타깃을 맞추고 있다. 철도를 이용하면 동부 지역까지 장거리 운송이 큰 어려움이 없는 것으로 나타나고 있으며, 석탄 가격 역시 동부 지역에서 프리미엄을 받을 수 있는 시장 상황이므로 동부 지역의 수출량이 증가될 것으로 예상된다.

미 국

미국은 많은 석탄 매장량과 생산량을 보이고 있지만, 수출비용 문제 등으로 인해서 미국의 수출량은 크게 드러나지 않고 있다. 따라서 미국 시장에서의 석탄 가격은 내수 시장에 강한 영향을 받고 있다. 미국에는 아직 탄소 비용이 석탄 거래에 누진되지 않고 있어 석탄이 여전히 저렴한 에너지 자원으로 이용되고 있다.

석탄과 탄소배출권

1997년 교토협상을 시작으로 전 세계적으로 탄소 배출이 큰 이슈가 되고 있다. 특히 석탄은 에너지 자원 중, 탄소 배출량이

그림 2.14 Clean Dark Spread vs. Clean Spark Spread

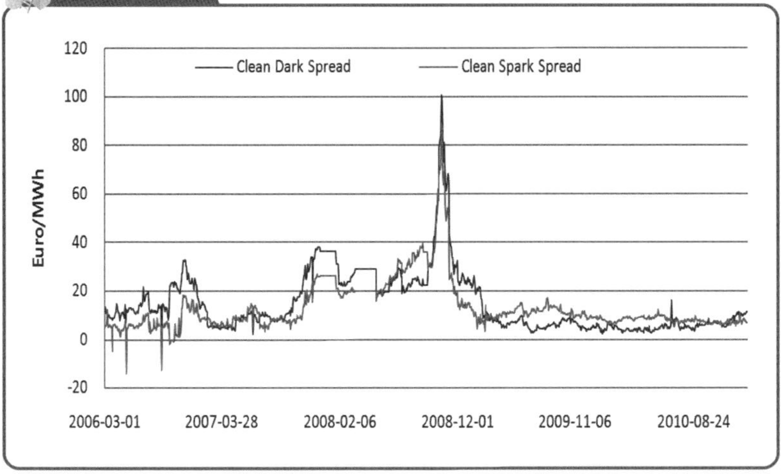

가장 높은 에너지로 장기적으로 석탄의 사용이 탄소 배출의 정책에 의해서 크게 영향을 받을 것으로 나타나고 있다. 특히 탄소가격제의 도입은 석탄의 가장 큰 이점인 가격에도 막대한 영향을 주면서 천연가스와 가격이 비교되고 있다. 탄소가격제는 특히 신규 발전소 건설에 가장 큰 영향을 주면서 석탄 발전소에 대한 신규 개발 사업의 발목을 잡고 있다.

석탄 소비가 가장 높은 중국과 인도는 현재 탄소 배출 감축 국가에 속하지 않으면서 단기간에 석탄의 소비가 감소되기는 힘들 것으로 판단된다. 하지만 2012년부터 탄소 배출 감축 국가에 포함되기를 기대하고 있으며, 기타 개발도상국가들도 2020년까지 감축 국가 포함을 진행하고 있다. 이와 같이 석탄 소비가 높은 국가들이 교토협상에 참여할 경우, 글로벌 석탄 시장은 새로

그림 2.15 탄소포집기술

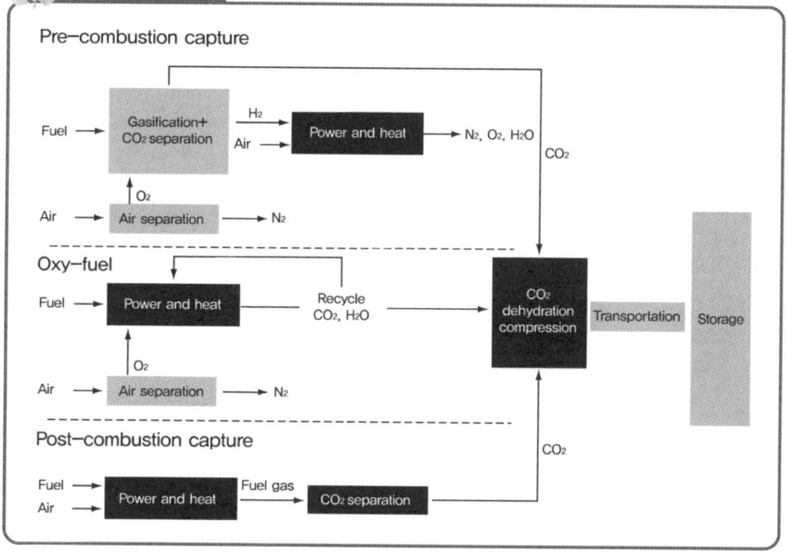

출처: IEA

운 추세를 보일 것으로 기대된다.

교토협상 외에도 CCS(Carbon Capture & Storage)가 탄소 및 석탄 시장에 또 다른 이슈이다. 'CCS는 대량의 CO_2가 대기로 배출되기 전에 고농도로 모은 후 압축 수송해 저장하는 기술이다. CCS는 CO_2를 줄이기 위한 가장 이상적인 방법으로 세계적인 주목을 받고 있다.' CCS기술은 크게 3가지 종류로 구분되며 그 종류는 전 연소 공정(Pre-Combustion), 산소연료(Oxyfuel), 후 연소 공정(Post-Combustion)으로 나뉜다.

석탄 가격

다른 원자재 상품과 마찬가지로 석탄 역시 중국과 인도를 중심으로 한 경제성장의 영향으로 가격 상승을 경험하였다. 단기적으로 중국과 인도의 성장이 지속되고 두 국가의 석탄 발전 역시 증가될 것으로 기대되면서 최근의 상승세가 유지될 것으로 전망된다. 다만 국제적으로 보여지고 있는 탄소 감소 움직임과 규제, 중국과 인도의 신규 발전 설비 등이 중·장기적으로 석탄 가격의 향방을 이끌고 있는 것으로 보여진다. 이미 탄소가격제 도입이 시작되면서 석탄 발전소의 신규 개발 제한이 시장에서 목격되고 있지만, EIA는 여전히 2030년까지 석탄의 수요 증가가 긍정적일 것으로 전망하고 있다.

석탄은 NYMEX에 상장되어 있으며 계약당 1,550의 톤의 사이즈를 지니고 있으며 가격은 톤당 달러화로 표기된다. 두 개의 주요 석탄가격은 Tradition Financial Services(TFS) API#2와 API#4 석탄 지수들이다. API#2 지수는 McCloskey Coal Information Services(MCCIS) NEW Steam Coal Marker의 평균가격을 산출하는 방식이며 API#4 가격은 FOM Richards Bay에서 발표하는 남아프리카 Spot Coal Price Index와 FOM Richards Bay에서 발표하는 Energy Argus's Coal Daily 가격의 평균 산출로 구해진다.

그림 2.16 전 세계 연료유형별 에너지 사용량(1990-2035)

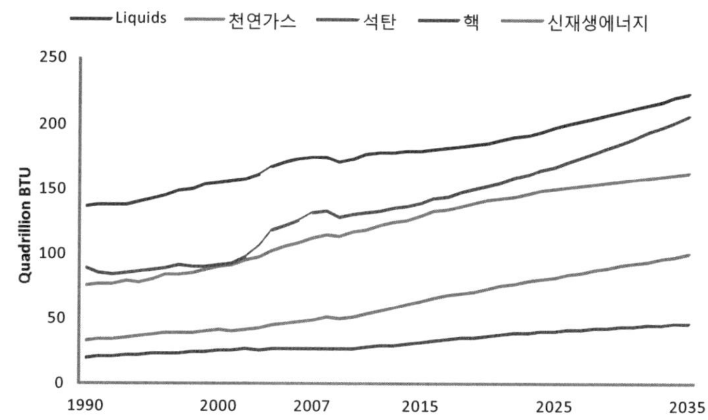

출처: EIA

그림 2.17 전 세계 연료별 전력생산량(trillion KWh)

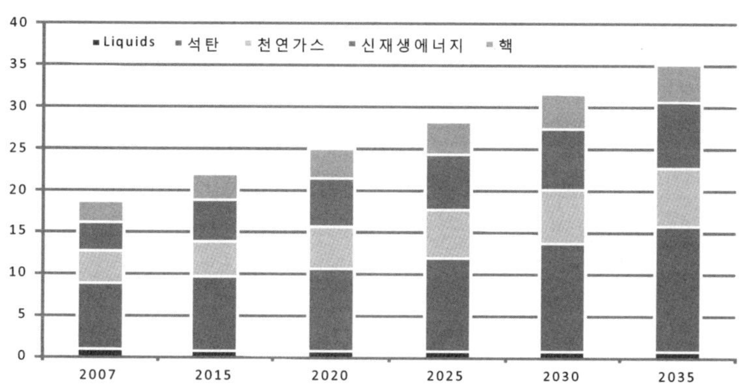

출처: EIA

03 원유시장

석유 혹은 원유는 여러 종류의 탄화수소가 조합되어 만들어진다. Petroleum 단어는 그리스어의 petra에서 어원을 따온 것으로 바위와 원유라는 의미를 지니고 있다. 4000BC 메소포타미아 시기에 타르를 칠한 원유가 배의 방수용과 접착성을 이용한 접착용도로 사용되었다. 원유는 또한 피라미드 건설에도 사용되었고 인디언들의 바디페인팅에도 이용되었다. 특히 페르시아 및 수마트라 시대에는 치료 효과가 있는 것으로 여겨지기도 하였다. 처음 원유가 시추된 것은 4세기 중국에서 대나무 기둥을 이용하여 시작되었다. 하지만 상업적 목적의 원유 시추는 1859년 펜실베니아주에 위치한 Titusville 지역에서 Edwin Drake에 의해서 출발됐다.

전 세계적으로 130개 이상의 다른 등급을 지닌 원유가 현재 존재하고 있다. 이 등급은 유황의 포함량 및 중력에 의해서 분류되고 있으며, 낮은 유황 포함량과 높은 중력이 더 좋은 품질을 지닌 원유로 측정된다. API 중력(온도측정 방식)이 높은 제품일수록 가벼운 합성물을 지닌다. 위와 같은 방법을 기준으로 미국의 서부산 텍사스유(WTI)와 말레이시아의 Tapis가 최고의 품질을 지닌 원유로 분류된다. 무겁고 신맛의 특성을 지닌 아랍에미리트와 멕시코의 원유가 가장 저급으로 분류되며 이 두 품목은 WTI의 기준가격에서 할인된 가격에 거래가 되고 있다. 달콤한 맛의 원유로 분류되는 종류는 유황을 0.5% 이하로 포함하고 있는 제품으로 신맛으로 분류되는 원유의 1.5% 이상의 유황 포함 기준가 큰 차이를 보인다. 또한 0.5%와 1.5% 사이에 위치한 제품들은 중간 맛을 지닌 제품으로 나뉘어지곤 한다. 이렇게 신맛과 달콤한 맛으로 분류된 원유는 제품 초기에 가장 쉬운 분류방법으로 맛과 냄새를 통한 방법이 널리 사용되면서 착안된 방식이다.

재래식 원유생산(Conventional Oil)

가장 흔한 원유 생산방법은 드릴링리그(Drilling Rigs)를 이용하여 유정을 만드는 방법으로 유정은 추후 유전에서 원유로 추출된다. 유정은 서부 텍사스 지역에서는 육지에 있으며, Gulf 및 멕시코 지역에서는 연안에 위치하고 있다.

대부분의 원유들은 펌프나 다른 방법을 전혀 사용하지 않고 저류층의 압력으로만 생산이 가능하다. 이와 같이 일반적인 드릴링을 이용하여 생산되는 우리가 흔히 알고 있는 생산방식의 원유들을 재래형 원유라고 한다.

비재래식 원유생산(Unconventional Oil)

오일샌드 및 셰일유는 재래형 원유의 드릴링 방법보다 더 많은 비용을 요구한다. 재래형 원유의 드릴링 방식을 사용하지 않는 오일샌드와 셰일유는 비재래형 원유로 분류된다. '셰일유는 유모혈암에 추출된 유기물로 보통 500℃ 이상의 고온에서 분해건류하여 얻어진다. 석유와 유사한 성질을 지니고 있으며, 경유나 등유의 제조에 적합한 유분 성분을 함유하고 있다.' 현재 미국이 국제적으로 가장 많은 셰일유의 매장량을 보이고 있다.

오일샌드는 세계 여러 지역에서 발견되고 있지만, 베네수엘라 및 캐나다에 가장 많이 위치하고 있다. 오일샌드는 원유를 포함한 다공질 사암으로, 원유가 천연 아스팔트화되어 있는 것은 타르샌드라 한다. 오일샌드에서 열처리 또는 기타 방법으로 원유를 추출해 정제하면 보통의 석유에 가까운 것이 얻어진다.

셰일유와 오일샌드 두 제품 모두 별도의 추출·정제과정을 거쳐야 하기 때문에 생산단가의 문제로 실용화되지 않았으나, 최근 고유가의 영향으로 주목받고 있다.

다른 종류들의 원유 제품들은 각각의 다른 끓는점을 지니고 있다. 각각의 제품은 Fraction이라고 불리는 덩어리로 생성되며 끓는점의 차이에 따라 Fraction이 아래와 같이 나누어진다.

〈표 3.1〉 원유의 끓는점 분류

끓는점	분 류
90 이하	Liquefied Petroleum Gases: Butanes, Propanes & Lighter
90~220	Gasoline
220~315	Naphtha
315~400	Kerosene, Jet Fuel
450~800	Diesel, Gas, Fuel & Heating Oils
800 이상	Residue

원유에는 많은 종류의 품질이 존재하기 때문에, 정제업자들은 생산 방식을 통해서 해당 시장에서 수요가 높은 제품들을 선택하여 생산할 수 있다.

OPEC, Non-OPEC 생산자

오일 생산자는 크게 두 그룹으로 나누어지며, 첫 번째는 Organization of Petroleum Exporting Countries(OPEC)이다. OPEC은 1960년 9월 14일에 출범했으며, 12개 국가로 구성되어 있다. 구성원은 알제리, 앙골라, 이란, 이라크, 쿠웨이트, 리비아, 나이지리아, 카타르, 사우디아라비아, 아랍에미리트, 베네수엘라, 에콰도르로 이루어져 있다. 기존 회원국이었던 가봉과 인도네시아

그림 3.1 OPEC vs. Non-OPEC 원유 생산량(1,000barrels/1일)

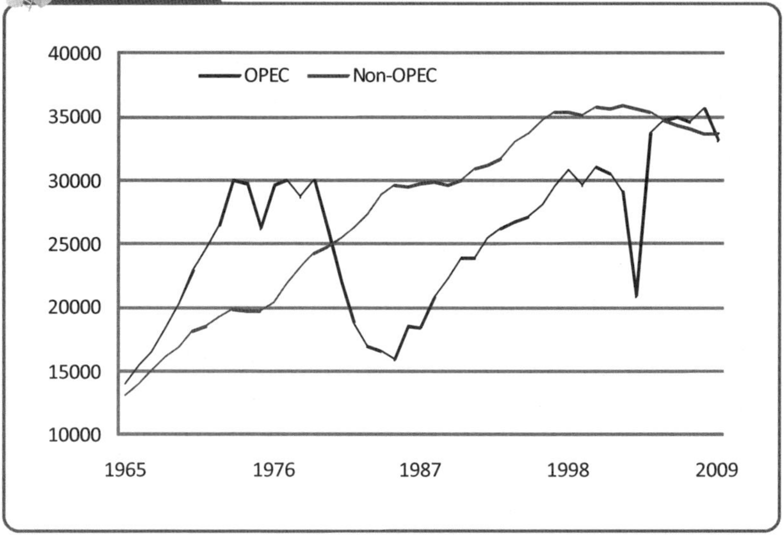

출처: BP Annual Statistical Review of Energy 2010

는 각각 1995년과 2009년에 회원국 자격을 박탈당했다. OPEC은 시장의 상황 및 가격에 따라서 생산량을 조정하며 시장에 반응하고 있다. OPEC은 주로 생산량을 조절하면서 원유 가격의 안정을 도모하는 것을 원칙으로 삼고 있지만, 1973년 오일쇼크와 같은 상황을 이끌기도 하였다.

다른 생산 그룹은 Non-OPEC로 원유를 생산하면서, OPEC 가입되지 않은 국가들의 연합이다. Non-OPEC 내에서는 구소련 연방이 가장 높은 생산량을 보이면서 Non-OPEC을 대표하는 국가로 여기어지고 있다.

2009년 OPEC은 41.2%의 글로벌 생산 비중을 차지하고 있으며, Non-OPEC은 41.9%을 기록하고 있다. 위의 차트에서 확인할 수 있듯이, 1973년 오일쇼크 사건을 기점으로 OPEC 글로벌 생산량 비중은 점차적으로 감소되고 있는 것을 확인할 수 있다. 하지만 2004년을 기점으로 OPEC의 생산량은 다시 높은 비중을 차지하고 있다. Non-OPEC 국가들은 증가하는 생산량에도 불구하고 대부분의 국가들이 수입우위를 보이면서 대부분의 생산량을 자체 소비하는 것으로 해석될 수 있다.

OPEC은 여전히 글로벌 에너지 시장에서 중요한 위치를 차지하고 있다. 그 이유는 대부분의 OPEC 회원국들은 여분의 생산력을 지니고 있기 때문이다. OPEC 회원국들은 생산 한도를 정해놓고 생산하기 때문에 생산력보다 낮은 수량의 원유를 생산하고 있는 것으로 판단된다.

Hubbert's Peak

최근 몇 년간 원유 생산 고갈에 대한 이슈가 끊임없이 야기되고 있다. 사실 원유는 제한된 자원이기 때문에 생산과 상용화가 된 시점부터 자원 고갈에 대한 문제는 지속적으로 논의되고 있었다. 미국의 King Hubbert 지질학자는 세계 최초로 글로벌 원유 생산량과 소비 곡선, 자원의 매장량 등을 고려하여 1970년에 미국내 원유 생산이 절정을 이루고 이후 자원이 고갈될 것으로 전망하였다. 실제로 미국은 1970년을 기점으로 생산량이 하향 곡선을 이루고 있으며, Hubbert의 두 번째 전망인, 2004년에서 2008년 사이에 글로벌 생산량의 하향 곡선을 보일 것이라는 예

그림 3.2 **미국 유전 생산량**(1,000barrels)

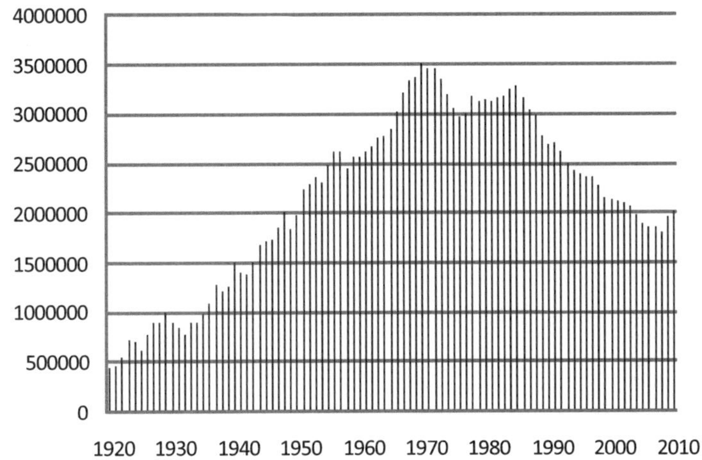

출처: Energy Information Administration

측 역시 정확하게 맞아떨어지고 있다.

Hubbert의 전망이 시장의 실제 움직임과 유사한 움직임을 보이고 있지만, 한정된 자원의 매장량 및 생산량을 실제 사용량과 데이터와 조합하여 실제 자원 고갈에 대한 전망을 한다는 것은 쉽지 않은 문제이다. 따라서 원유의 고갈에 대한 이슈는 끊임없이 지속될 것으로 예상된다.

매장량

Oil Reserve는 땅에서 얻을 수 있는 오일 보유량을 말하는 것이다. 확인 매장량(Proven Reserve)은 현재의 기술 및 현재의 가격으로 추출이 가능한 매장량을 뜻한다. 추정 매장량(Probable Reserve)은 현재의 가격으로 현재의 기술 혹은 유사한 기술로 추출이 어느 정도 가능한 것을 말한다. 마지막으로 가능 매장량(Possible Reserve)은 기술 및 가격이 현재보다 유리한 환경에서 추출이 가능한 매장량을 뜻한다. 예를 들어 오일샌드 셰일유, 바이오연료 등이 가능 매장량에 포함된다.

2009년 기준, 글로벌 확인 매장량 중 OPEC이 보유한 양은 약 77%에 해당된다. 최근 에너지 기술의 발달로 확인 매장량의 수량은 지속적인 증가를 기록 중에 있다. 또한 가능 매장량에 해당되는 오일샌드 중 일부는 캐나다의 기술 발달로 확인 매장량에 함유되고 있다. 또한 미국에 대부분 매장되어 있는 셰일유 역시 최근의 고가와 기술에 발달에 힘입어 자원 활용이 현실화되어지고 있다. Energy Information Administration(EIA)는 오일샌드의 경우 원유 가격이 $30 이상을 기록할 경우 생산이 가능한 것으로 분석하고 있으며, 셰일유의 경우는 $70에서 $95 수준에서 생산이 가능한 것으로 분석하고 있다.

〈표 3.2〉 글로벌 확인 매장량

Oil: Proved reserves Thousand million barrels	2009	2009 share of total
미국	28.4	2.1%
캐나다	33.2	2.5%
멕시코	11.7	0.9%
Total North America	73.3	5.5%
아르헨티나	2.5	0.2%
브라질	12.9	1.0%
콜롬비아	1.4	0.1%
에콰도로	6.5	0.5%
페루	1.1	0.1%
트리니다드토바고	0.8	0.1%
베네수엘라	172.3	12.9%
기타 중남미 지역	1.4	0.1%
Total S. & Cent. America	198.9	14.9%
아제르바이잔	7.0	0.5%
덴마크	0.9	0.1%
이탈리아	0.9	0.1%
카자흐스탄	39.8	3.0%
노르웨이	7.1	0.5%
루마니아	0.5	w
러시아 연맹	74.2	5.6%
투르크메니스탄	0.6	w
영국	3.1	0.2%
우즈베키스탄	0.6	w
기타 유럽 및 유라시아 지역	2.2	0.2%
Total Europe & Eurasia	136.9	10.3%
이란	137.6	10.3%
이라크	115.0	8.6%
쿠웨이트	101.5	7.6%
오만	5.6	0.4%
카타르	26.8	2.0%
사우디아라비아	264.6	19.8%
시리아	2.5	0.2%
아랍에미리트	97.8	7.3%
예맨	2.7	0.2%
기타 중동 지역	0.1	w
Total Middle East	754.2	56.6%
Total World	1333.1	100.0%
EU	6.3	0.5%
OECD	90.8	6.8%
OPEC	1029.4	77.2%
Non-OPEC	180.9	13.6%
구소련	122.9	9.2%
Canadian oil sands	143.3	

Thousand million barrels	2009	2009 share of total
알제리	12.2	0.9%
앙골라	13.5	1.0%
차드	0.9	0.1%
콩고공화국	1.9	0.1%
이집트	4.4	0.3%
적도기니	1.7	0.1%
가봉	3.7	0.3%
리비아	44.3	3.3%
나이지리아	37.2	2.8%
수단	6.7	0.5%
튀니지	0.6	w
기타 아프리카	0.6	w
Total Africa	127.7	9.6%
호주	4.2	0.3%
브루나이	1.1	0.1%
중국	14.8	1.1%
인도	5.8	0.4%
인도네시아	4.4	0.3%
말레이시아	5.5	0.4%
태국	0.5	w
베트남	4.5	0.3%
기타 아시아 태평양 지역	1.3	0.1%
Total Asia Pacific	42.2	3.2%

출처: BP Annual Statistical Review of Energy 2010

원유소비

원유는 여러 분야에서 널리 이용되면서, 자동차 연료, 전력, 난방 등에 쓰여진다. 또한 플라스틱, 석유화학 등의 제품에 원재료로도 사용되고 있다. 미국과 캐나다는 원유를 전력 혹은 난방의 용도보다는 운송에 더 많이 이용하고 있으며, 미국과 캐나다를 제외한 대부분의 국가들은 전력과 난방 사용에 더 높은 비중을 보이고 있다. 원유는 전통적으로 선진 공업국가들이 주로 소비하면서 최근에는 미국, 중국, 일본, 프랑스, 독일 등이 주요 소비국가로 자리잡고 있다. 미국을 중심으로 한 북미 지역의 소비가 항상 가장 높은 소비량을 기록하였지만, 중국을 중심으로 일본 및 한국의 소비량이 꾸준히 증가하면서 2007년을 기점으로

그림 3.3 **지역별 원유 소비량**(1,000barrels per day)

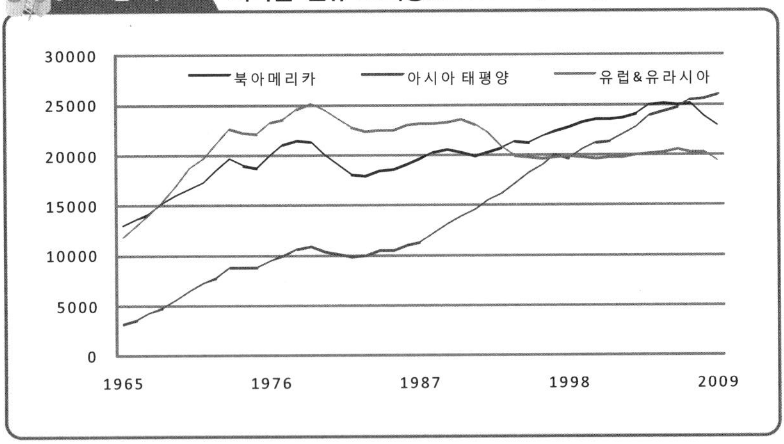

출처: BP Annual Statistical Review of Energy 2010

아시아가 최대 소비 대륙으로 집계되고 있다.

아래 표는 1980년부터 2005년 기간의 주요 원유 소비국들의 소비량을 보여주는 표이다. 아래의 표에서 확인할 수 있듯이 중국, 대한민국, 인도는 꾸준한 증가를 보이고 있으며, 프랑스와 독일은 감소하는 추세를 보이고 있다. 이와 같은 현상은 주요 공장들이 미국과 독일에서 아시아 지역으로 이동하면서 나타나는 현상으로 해석되고 있다.

〈표 3.3〉 연간 소비량(1,000barrels)

국 가	1980	2005	연평균 증가
미 국	17,062	20,655	0.84%
일 본	4,936	5,360	0.34%
중 국	1,694	6,988	12.50%
독 일	3,056	2,586	-0.62%
프 랑 스	2,262	1,961	-0.53%
인 도	643	2,485	11.46%
대한민국	475	2,308	15.44%
캐 나 다	1,915	2,241	0.68%
영 국	1,672	1,790	0.28%
전 세계	61,678	82,459	1.35%

출처: BP Annual Statistical Review of Energy 2010

이와 같이 이머징 국가들의 원유 소비가 꾸준히 증가하고 있는 가운데, 가장 주목할 만한 국가로는 중국과 인도를 꼽을 수 있다. 여전히 두 국가는 꾸준한 발전궤도에 놓여 있으며, 인구 대비 원유 소비량이 아직은 낮은 수준으로 두 국가의 원유 소비량 증가가 꾸준히 목격될 것으로 판단되고 있다. 따라서 향후에는 산업 선진국가들과 이머징 국가들 간의 원유 수입 전쟁이 이루어질 가능성을 지니고 있다.

원유 실물과 정유

원유 실물은 다양한 장소에서 다양한 종류로 거래되고 있으며, 국제적으로 약 161개의 다른 유종이 거래되고 있다. 원유 산업은 원유의 생산장소에 따라서 원유의 종류를 첫 번째로 분류한다. 원유의 가장 중요한 특성은 원유의 Light 혹은 Heavy로 나누며, Sweet과 Sour 역시 중요한 특성이다. 경질유(Light Crude Oil)의 경우, 왁스의 함유량이 적으며, 중질원유(Heavy Crude Oil)는 더 많은 왁스를 포함하면서 높은 점성을 지닌다. 높은 점성은 원유의 펌프 및 파이프를 통한 운송을 어렵게 한다. Sweet Crude는 유황의 함유량에 의해서 분류되며, Sweet Crude는 보통 0.5% 이하의 유황을 함유하고 있다. 유황의 함유량이 적을수록 경질유를 생산하는데 더 적은 비용이 발생한다. Sour Crude(유황 함유 1% 이상)의 경우 경질유로 생산하기 전 불순물 제거 과정을 거쳐야 한다. Sweet Crude가 가솔린 및 다른 경질유 제품을 정유하기에 가장 적합한 종류이다.

정유(Refining)는 원유를 절차를 통해서 완성된 석유 품목인 가솔린, 난방유, 디젤, 항공유로 생성시키는 과정이다. 정유는 간단한 증류 작업으로 시작된다. 이 증류 작업을 통해서 원유에서 탄화수소를 분리시킨다. 이 과정은 간단한 증류챔버에서 원유를 데우는 작업으로 이루어진다. 각각 제품들은 다른 온도에서 증발한다. LPG, 나프타, 직류가솔린 등 Lighter한 제품들이 먼저 증발된다. 항공유, 등유, 난방유, 디젤이 다음 단계에서 증발된다. 연료유와 같은 Heaviest 제품이 가장 나중에 증발된다.

미국의 정유업체들은 대부분의 최종 소비자들이 Light 제품들을 원하기 때문에, 단순한 증류 방법보다는 복잡한 증류 절차를 이용한다. 즉 간단한 증류를 통해서 얻은 Heavy 제품들을 다시 증류하여 보다 Light한 제품으로 이끌어내며, 이러한 절차를 Cracking이라고 한다.

원유의 품질은 얼마나 많은 절차를 거치는가에 따라서 달라진다. WTI와 같은 Light Sweet 제품은 나프타 혹은 직류가솔린 보다 많은 절차를 요구하기 때문에, 가격에 프리미엄이 붙는다. 정유업체들은 정유 시, 다양한 제품들은 최적으로 혼합하여 돌출해 내지만, 자신들의 장비에 따라서 생산 가능한 제품들이 한정되어 있다.

미국의 정유업체들은 Seasonal Pattern에 의해서 움직인다. 예를 들어 여름 시기는 미국의 드라이빙 시즌과 겹쳐 가솔린의 생산량이 증가된다. 또한 각각의 시장 상황에 따라서 반응을 하면서, 현재 시장에서 높은 가격에 거래되는 품목의 생산량이 증가하게 된다.

원유 파생상품시장

가장 활발하게 거래되는 두 가지 원유 제품은 West Texas Intermediate(WTI)와 Brent Crude Oil이다. WTI는 New York

Mercantile Exchange(NYMEX)에 상장되어 있다. WTI는 미국에서 생산되는 제품으로 매우 높은 품질을 지니면서 가솔린 생산에 적합한 품종이다. Brent Crude Oil은 Intercontinental Exchange (ICE)에 상장되어 있고, 주로 북해에서 생산된다. WTI만큼 Light Sweet하지 않지만, 가솔린 및 증류를 생산하기에 적합하다. WTI와 Brent Crude Oil 두 품목의 높은 상관관계를 지니고 있으며 실물 특성상, WTI가 Brent Crude Oil에 대비 프리미엄이 형성된다.

WTI는 1983년 3월 NYMEX에 처음 상장되었으며, Cushing, Oklahoma 지역으로 실물 인수가 가능하다. NYMEX WTI는 가장 활발한 거래량을 보이면서 hedger들과 투자기관들이 가장 널리 이용하는 상품이다. Brent Crude Oil은 1989년 7월 International Petroleum Exchange(IPE)에 상장되었으며, 2001년 7월 IPE는 ICE로 합병되었다. Brent Crude Oil은 현금결제를 원칙으로 하고 있지만, 합의에 의해서 Exchange for Physical(EFP)로 실물 결제가 가능하다.

NYMEX WTI와 ICE Brent Crude Oil 외에도 전 세계적으로 여러 개의 원유들이 상장되어 있지만, 이 두 상품들이 가장 활발한 거래를 보이는 상품들이다. 또한 적은 규모의 투자자들을 위해서 미니사이즈 WTI도 상장되어 있다.

그림 3.4 WTI vs. Brent Crude Oil 연간 거래량

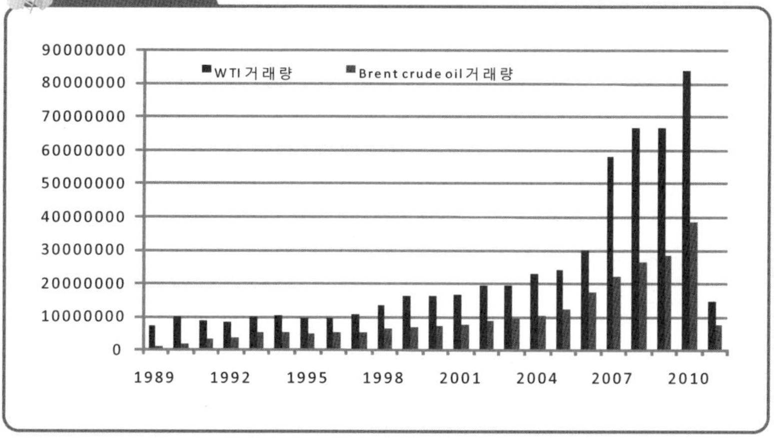

출처: Reuters

그림 3.5 WTI vs. Brent Crude Oil 연간 미결제약정

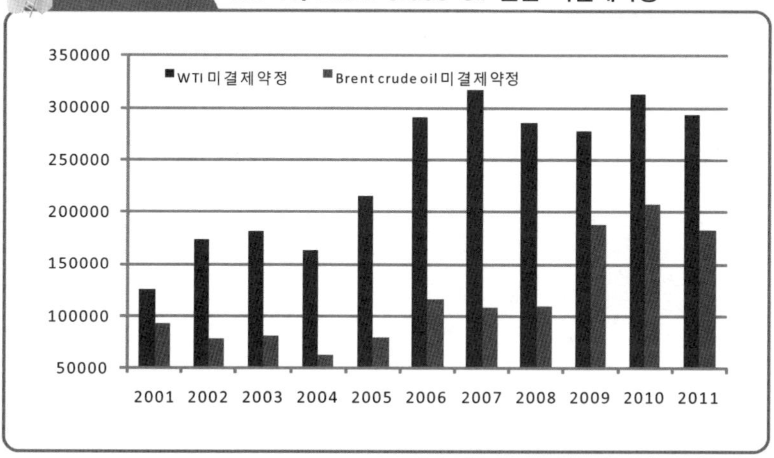

출처: Reuters

원유 가격분석

원유 가격은 높은 변동성을 지니고 있다. 특히 1973년과 1979년에 각각 일어난 오일쇼크는 원유 가격을 일시적으로 폭등시키는 모습을 연출시켰다. 또한 1991년 걸프전 역시 원유 가격을 상승시켰다. 현재 원유 가격은 2003년을 시작으로 가장 긴 구간의 가격 상승추세를 보이고 있으며, 주요 원인으로는 아시아의 성장을 꼽고 있다. 이와 같은 거시적 요인 외에도 미국의 주간 원유 재고량, IEA에서 월간으로 발행하는 Oil Market Report, 등의 수급적 데이터 역시 가격에 영향을 주는 주요 원인이다.

〈표 3.4〉 EIA weekly petroleum status report(매주 수요일 10:30 AM EST에 발표)

Table 1. U.S. Petroleum Balance Sheet, Week Ending 2/25/2011

Petroleum Stocks (Million Barrels)	Current Week	Week Ago			Year Ago		
	2/25/11	2/18/11	Difference	Percent Change	2/26/10	Difference	Percent Change
Crude Oil	1,072.9	1,073.3	-0.4	0.0	1,068.2	4.7	0.4
Commercial(Excluding SPR)[1]	346.4	346.7	-0.4	-0.1	341.6	4.8	1.4
Strategic Petroleum Reserve(SPR)[2]	726.5	726.5	0.0	0.0	726.6	-0.1	0.0
Total Motor Gasoline	234.7	238.3	-3.6	-1.5	231.9	2.8	1.2
Reformulated	0.8	1.0	-0.2	-23.7	0.6	0.2	28.6
Conventional	72.2	72.3	-0.1	-0.2	83.4	-11.2	-13.4
Blending Components	161.8	165.0	-3.2	-2.0	148.0	13.8	9.3
Fuel Ethanol	19.1	19.3	-0.2	-1.1	–	–	–
Keroxene-Type Jet Fuel	40.8	40.5	0.3	0.9	43.3	-2.5	-5.7
Distillate Fuel Oil[3]	159.2	159.9	-0.8	-0.5	151.8	7.4	4.9
15ppm sulfur and Under	111.8	111.3	0.5	0.4	93.3	18.5	19.9
>15ppm to 500ppm sulfur	9.4	9.4	0.0	-0.1	16.3	-6.9	-42.4
>500ppm sulfur[3]	38.0	39.2	-1.2	-3.1	42.3	-4.3	-10.1
Residual Fuel Oil	37.1	37.4	-0.3	-0.9	40.0	-2.9	-7.3
Propane/Propylene	28.5	29.5	-1.0	-3.4	26.8	1.6	6.1
Other Oils[4]	185.3	185.9	-0.6	-0.3	–	–	–
Unfinished Oils	80.9	80.4	0.5	0.6	81.1	-0.2	-0.2
Total Stocks(Including SPR)[2,3]	1,777.6	1,784.2	-6.5	-0.4	1,773.2	4.4	0.2
Total Stocks(Excluding SPR)[3]	1,051.1	1,057.6	-6.5	-0.6	1,046.6	4.5	0.4

출처: Energy Information Administration

그림 3.6 IEA Oil Market Report

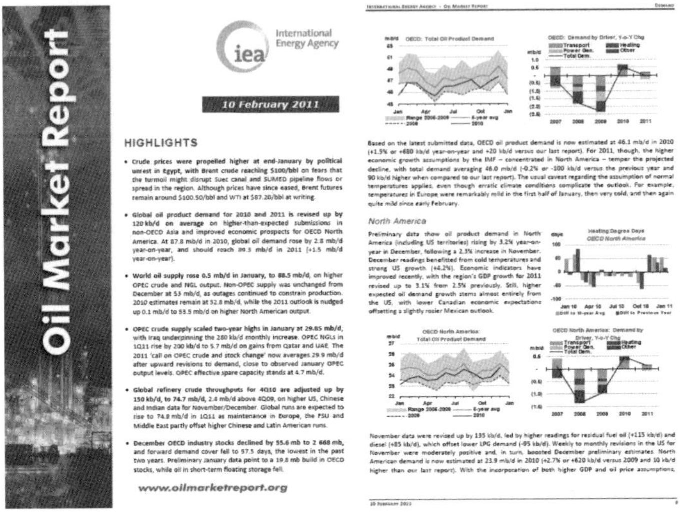
Oil Market Report

International Energy Agency

iea

10 February 2011

HIGHLIGHTS

- **Crude prices were propelled higher at end-January by political unrest in Egypt, with Brent crude reaching $100/bbl** on fears that the turmoil might disrupt Suez canal and SUMED pipeline flows or spread in the region. Although prices have since eased, Brent futures remain around $100.50/bbl and WTI at $87.20/bbl at writing.
- **Global oil product demand for 2010 and 2011 is revised up by 120 kb/d on average** on higher-than-expected submissions in non-OECD Asia and improved economic prospects for OECD North America. At 87.8 mb/d in 2010, global oil demand rose by 2.8 mb/d year-on-year, and should reach 89.3 mb/d in 2011 (+1.5 mb/d year-on-year).
- **World oil supply rose 0.5 mb/d in January, to 88.5 mb/d,** on higher OPEC crude and NGL output. Non-OPEC supply was unchanged from December at 53 mb/d, as outages continued to constrain production. 2010 estimates remain at 52.8 mb/d, while the 2011 outlook is nudged up 0.1 mb/d to 53.5 mb/d on higher North American output.
- **OPEC crude supply scaled two-year highs in January at 29.85 mb/d,** with Iraq underpinning the 280 kb/d monthly increase. OPEC NGLs in 1Q11 rise by 200 kb/d to 5.7 mb/d on gains from Qatar and UAE. The 2011 'call on OPEC crude and stock change' now averages 29.9 mb/d after upward revisions to demand, close to observed January OPEC output levels. OPEC effective spare capacity stands at 4.7 mb/d.
- **Global refinery crude throughputs for 4Q10 are adjusted up by 150 kb/d, to 74.7 mb/d,** 2.4 mb/d above 4Q09, on higher US, Chinese and Indian data for November/December. Global runs are expected to rise to 74.8 mb/d in 1Q11 as maintenance in Europe, the FSU and Middle East partly offset higher Chinese and Latin American runs.
- **December OECD industry stocks declined by 55.6 mb to 2 668 mb,** and forward demand cover fell to 57.5 days, the lowest in the past two years. Preliminary January data point to a 19.8 mb build in OECD stocks, while oil in short-term floating storage fell.

www.oilmarketreport.org

Based on the latest submitted data, OECD oil product demand is now estimated at 46.1 mb/d in 2010 (+1.5% or +680 kb/d year-on-year and +20 kb/d versus our last report). For 2011, though, the higher economic growth assumptions by the IMF – concentrated in North America – temper the projected decline, with total demand averaging 46.0 mb/d (-0.2% or -100 kb/d versus the previous year and 90 kb/d higher when compared to our last report). The usual caveat regarding the assumption of normal temperatures applies, even though erratic climate conditions complicate the outlook. For example, temperatures in Europe were remarkably mild in the first half of January, then very cold, and then again quite mild since early February.

North America

Preliminary data show oil product demand in North America (including US territories) rising by 3.2% year-on-year in December, following a 2.3% increase in November. December readings benefitted from cold temperatures and strong US growth (+4.2%). Economic indicators have improved recently, with the region's GDP growth for 2011 revised up to 3.1% from 2.5% previously. Still, higher expected oil demand growth stems almost entirely from the US, with lower Canadian economic expectations offsetting a slightly rosier Mexican outlook.

November data were revised up by 135 kb/d, led by higher readings for residual fuel oil (+115 kb/d) and diesel (+85 kb/d), which offset lower LPG demand (-95 kb/d). Weekly to monthly revisions in the US for November were moderately positive and, in turn, boosted December preliminary estimates. North American demand is now estimated at 23.9 mb/d in 2010 (+2.7% or +620 kb/d versus 2009 and 10 kb/d higher than our last report). With the incorporation of both higher GDP and oil price assumptions,

출처: http://omrpublic.iea.org/

그림 3.7 WTI Crude Oil Futures Price

최근 원유 시장에서는 바이오연료 혹은 대체 에너지를 언급하지 않을 수 없다. 대체 에너지는 원유를 대신할 수 있는 제품들로 화석 연료로 만드는 제품이 아닌 것을 뜻한다. 가장 흔한 바이오연료로는 에탄올과 바이오디젤을 꼽을 수 있다. 에탄올은 현재 사탕수수와 옥수수로부터 만들어지고 있으며 브라질은 사탕수수를 이용하여 자동차 연료로 사용이 가능한 에탄올 제작이 가능하다. 미국은 옥수수를 이용한 에탄올을 생산하여 가솔린과 함께 사용된다. 바이오디젤은 콩기름, 카놀라유, 팜유 등의 기름으로 제작이 가능하다. 바이오디젤은 디젤 차량의 연료 혹은 가정집의 난방으로 대체될 수 있다. 또한 풍력, 태양력, 파력, 핵에너지, 메탄 하이드레이트 등의 신형 에너지들도 꾸준히 연구되고 있다.

04 난방유시장

난방유는 원유로부터 생산되는 에너지 제품으로 증류액에 속하며 디젤, 항공유, 등유와는 구분된다. 증류액에 속한 제품들은 비슷한 성질을 지니고 있으며 난방유는 특히 디젤과 거의 흡사한 화학 구조를 가지고 있지만, 몇몇의 첨가물이 다르다. 미국에서 난방유는 여러 가지 이름으로 불리고 있으며, 증류연료, 가정난방원유 등으로도 불린다. 미국 외의 지역에서는 대부분 가스원유로 분리고 있다.

난방유의 주요 사용처는 미국 북동부 지역의 가정 및 상업 건물의 난방에 사용된다. EIA는 미국의 약 7.5% 가정집이 난방유를 난방용 연료로 사용하고 있는 것으로 집계하고 있으며 이 중 약 78%가 북동부 지역에 위치한 것으로 발표하고 있다. 난방유는 일반적으로 탱크트럭에 의해서 운송이 되면 운송된 연료는 저장 탱크에 저장되어서 사용되어진다. 북동부 지역을 제외한 대부분의 지역은 천연가스를 난방용 연료로 사용하고 있으며, 그 이유는 천연가스의 가격이 더 저렴하고 천연가스의 운송이 용이하기 때문이다. 하지만 대부분의 북동부 지역의 가정집들은 천연가스의 운송에 어려움을 보이면서 난방유를 주로 사용하고 있다.

난방유는 높은 인화점으로 인하여, 난방유는 위험이 적은 에너지 자원으로 분류되면서 일반 가정집과 상업건물에서 사용이 용이하다.

생산 및 저장

일반적으로 1배럴(42갤런)의 원유에서 10개런의 디젤과 난방유, 4갤런의 항공유가 생산된다. 또한 이 생산수치는 생산자들에서 의해서 인위적으로 조정 역시 가능하다. 일반적으로 겨울 직전에 생산자들은 난방유의 생산수치를 증가시키지만, 증가함에도 불구하고, 제한적인 생산량으로 인하여 수입이 불가피한 것으로 나타나고 있다. 그리고 겨울에도 일반적으로 디젤의 생산량이 난방유보다 높게 측정되면서 여전히 디젤이 미국의 최고 에너지 소비 제품인 것으로 판단된다.

그림 4.1 **미국 증류액 재고량**(million barrels)

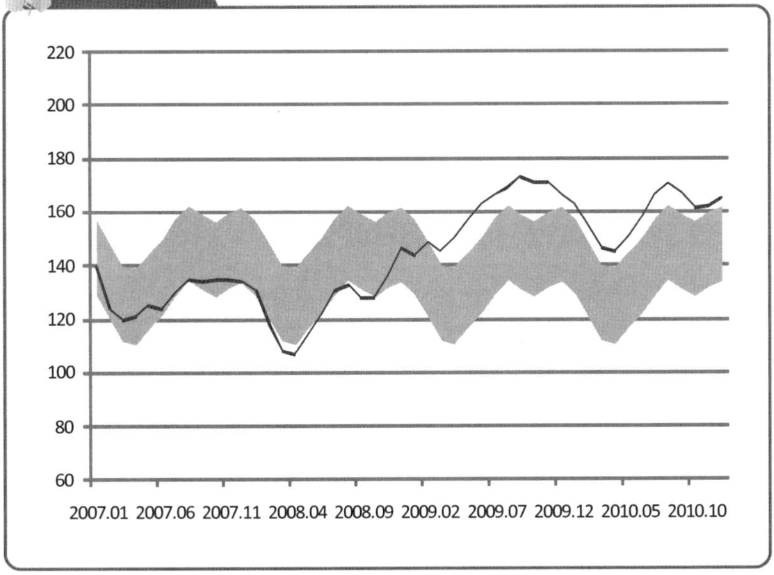

주: 회색 구간은 평균 구간을 나타냄
출처: EIA

천연가스와 마찬가지로 난방유 역시 미국의 비축량이 시장의 수급 균형에 막대한 영향을 미친다. 〈그림 4.1〉에서 확인할 수 있듯이 겨울 직전인 9월말에 비축량이 최대치를 보이는 것을 확인할 수 있다.

난방유 소비

EIA는 미국의 가정용 난방유 수요 중 약 84%가 미국 북동부 지역인 것으로 집계하였다. 난방유의 주요 사용처는 난방연료로

그림 4.2 미국 겨울시즌 난방 사용기간

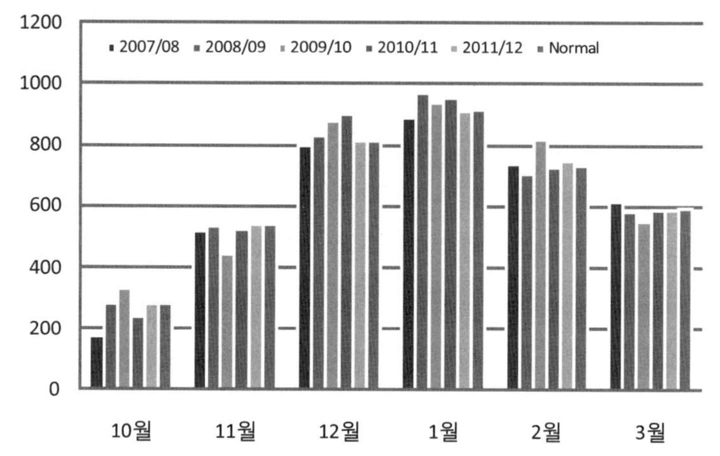

출처: EIA

사용되면서 난방유의 수요는 기온과 가장 밀접한 관계를 지니면서 북동부 지역의 기온이 따뜻하거나 평년보다 높은 수준을 보일 경우 낮은 수요를 보인다. 반대로 북동부 지역의 한파 등의 기온 하락은 수요의 폭등으로 연결된다. 이렇듯 단기적으로 영향을 보이는 직접적인 기온 외에도, 라니냐와 엘니뇨 현상 등의 패턴도 연구하면서, 난방유 거래자들은 장기적 거래 전략을 계획하기도 한다.

난방유의 직접적인 수요 외에도, 난방유는 디젤, 항공유, 등유 등과 함께 생산되면서 위 증류액들의 수요 역시 난방유 가격에 영향을 준다. 예를 들어서, 디젤의 수요가 급격하게 증가된다면 디젤의 생산량이 증가되면서 자연스럽게 난방유의 수요는 감소하게 될 것이다. 증류액 중 디젤의 생산량이 총 생산량의 약 75% 비중을 차지하면서 디젤의 수요는 난방유 시장 참가자에게 항상 관심을 주는 이슈 중 하나이다. 디젤 외에, 항공유와 등류의 영향력은 디젤 대비 미비한 수준이지만, 종종 시장에 큰 영향을 주는 경우도 있다. 예를 들어 9.11 테러 이후, 항공유의 수요가 급격하게 감소하면서 항공유의 생산 감소에 따른 난방유와 디젤의 생산증가가 목격되기도 하였다.

난방유 파생상품시장

난방유는 현재 NYMEX에 상장되어 있으며, 1978년 11월 14일에 상장되면서 모든 미국의 에너지 선물 상품 중, 가장 먼저 성공적인 거래를 보인 상품이다. 실물결제는 현물시장이 가장 활발하게 이루어지는 New York Habor 지역에서 이루어진다. 난방유 선물 시장은 난방유의 실물 거래자 및 투기 거래자 외에도, 항공유, 등유, 디젤유 등의 시장 참가자 역시 시장에 참여하는 모습을 보이고 있다.

난방유 선물 거래는 계약당 42,000갤런이 거래되며, 1배럴은 42갤런과 같은 수량으로 난방유의 선물 한 계약은 1,000배럴의 원유와 같은 수량이다. 이 수량 환산은 난방유와 원유 생산자 모두에게 매우 중요한 산식으로 Crack Spread에 가장 기초적으로 사용되는 거래 이론이다. Crack Spread는 같은 만기 월물의 원유 선물과 난방유 선물의 가격 차이를 나타낸다. Crack Spread

의 이론은 아래 조건이 만족할 때 성립된다.

WTI Crude Oil January 2010 Future = \$108.26 per barrel

NYM Heating Oil January 2010 Future = \$3.1430 per gal

Crack Spread = Heating Oil − Crude Oil

= (3.14 × 42) − 108.26

= \$23.62

Crack Spread는 난방유 생산자에게 아주 중요한 가격으로 이 스프레드에 의해서 생산자들의 마진이 정해지기 때문이다. 따라서 난방유 생산자들은 스프레드 위험 회피의 목적으로 Crack Spread를 이용한 Hedge 거래를 사용하고 있다. 하지만 대부분의 미국 생산자들은 3:2:1 Hedge 비율을 실제 Crack Spread보다 많이 사용하고 있다. 3:2:1 비율은 3배럴 원유, 2배럴 가솔린, 1배럴 난방유로 실질 Crack Spread와는 차이점을 보이고 있지만, 선물을 이용한 실질적인 Hedge에는 아직까지 가장 이상적인 비율인 것으로 나타나고 있다.

난방유의 가격은 일치하지는 않지만, 대부분 원유의 가격 움직임과 유사한 움직임을 기록한다. 또한 난방유 생산에는 생산자들의 생산 비용이 더해지면서 난방유 가격이 항상 원유 가격보다 높게 형성된다.

그림 4.3 NYMEX 난방유 VS. NYMEX 원유($ per barrel)

출처: Reuters

난방유 가격 분석

원유와 마찬가지로 난방유 역시 높은 변동성을 보이는 상품이다. 난방유 가격은 원유의 주요 이슈인 OPEC 생산계획, 지정학적 리스크, 세계 경제 성장 등의 거시적 요인에 연관성을 보여주고 있다. 이미 언급한 바와 같이, 대부분의 에너지 제품들은 서로 어느 정도의 상관성을 모두 포함하고 있다. 난방유는 기타 에너지 제품과는 다르게 미국 북동부 지역의 겨울 기온과 밀접한 관계를 보이면서 겨울철에 가격이 크게 움직이는 것을 〈그림 4.4〉에서 확인할 수 있다. 따라서 난방유 시장 참여자들

그림 4.4 NYMEX 난방유 가격

출처: Commodity Investing, John Wiley & Sons

은 National Weather Service(NWS)의 기상예보에 항상 주목하고 있다.

다른 에너지 제품들과 마찬가지로 난방유 역시 매주 EIA에서 발표하는 Weekly Petroleum Status Report(WPSR)에 관심을 기울여야 한다. 매주 발표되는 직접적인 재고량 외에도 총 증류액의 생산량 및 재고량 대비 난방유의 비율을 항상 확인하면서 난방유의 소비 추세가 예측 가능하다.

그림 4.5 난방유 – 천연가스 가격 스프레드

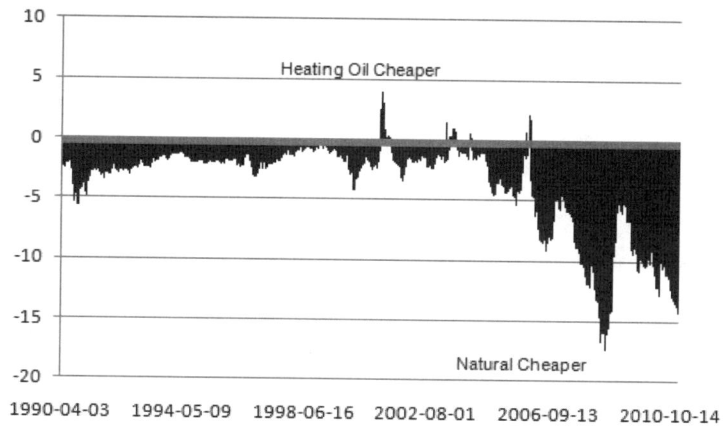

출처: Reuters

난방유 vs. 천연가스

난방유는 전력시장에서 천연가스 대체 연료로도 사용이 가능하다. 일부 발전소들은 난방유와 천연가스를 모두 전력으로 발전이 가능한 설비 장치를 갖추고 있으면서, 천연가스와 난방유의 가격을 고려하여 발전에 사용될 에너지 원료를 결정한다. 일반적으로 천연가스가 난방유 대비 낮은 가격대를 형성하지만, 시장의 상황에 따라서 가격대가 서로 역전되는 경우 역시 목격되고 있다. 따라서 〈그림 4.5〉와 같이 난방유가 더 저렴한 가격 구간에 진입하게 되면, 전력산업에서의 난방유 수요가 크게 증가하게 된다.

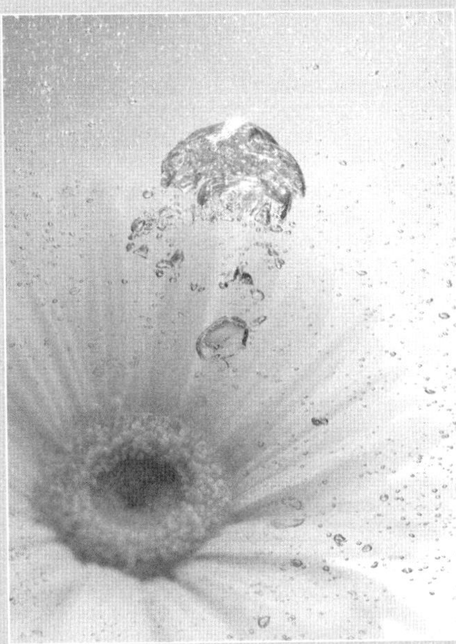

가솔린시장

가솔린은 원자재 상품 중 일반인들에게 가장 많이 알려진 상품이다. 우리는 흔히 일상생활을 하면서 주유소를 쉽게 발견할 수 있으며, 옥탄의 함유량이 높은 고급 휘발유가 일반 휘발유보다 높은 가격에 판매되는 것 역시 일상생활에서 주유소를 이용하면서 누구나 알고 있는 지식이다. 미국에서는 일반적으로 기온이 높은 여름에 휴가 시즌이 몰리면서 여름을 드라이빙 시즌이라고 부르면서 평소보다 높은 가솔린 수요를 보인다. 대부분의 사람들이 연비와 차량용 기름값에 민감한 반응을 보이면서 가솔린은 우리에게 가장 밀접한 상품이며 에너지 연료이다.

주유소에는 일반적으로 무연휘발유, 중질휘발유, 고급휘발유 3가지 종류의 가솔린을 쉽게 볼 수 있을 것이다. 이미 언급한 바와 같이 가솔린은 옥탄의 함유량으로 분류되며, 무연의 경우 87 옥탄 비율, 중질휘발유는 89 옥탄 비율, 고급휘발유는 93 옥탄 비율을 보인다. 옥탄 비율이란 자연점화 전까지 압축될 수 있는 연료의 양을 뜻한다. 차량별 올바른 가솔린 종류의 선택은 차량의 엔진별로 권장하는 옥탄 비율이 있다. 예를 들어 A사의 차량 엔진의 권장 옥탄 비율이 87일 경우 일반 무연휘발유를 이용하면 엔진에 가장 이상적인 연료가 되는 것이다. 따라서 해당 엔진에 중질 혹은 고급휘발유를 사용하는 건 필요 이상의 금액을 연료에 지불하는 행위와 같다. 일부 스포츠카와 럭셔리 브랜드 차량의 엔진의 경우 더 높은 옥탄 비율을 지니고 있지만, 대부분의 엔진이 일반 무연휘발유에 적합하게 디자인되어 있다.

RFG to RBOB

미국의 가솔린은 연료의 구성 요소에 따른 건강 문제가 이슈되면서 정부에 의해서 많은 변화가 이루어지고 있으며, 1980년을 시작으로 환경과 건강의 문제로 가솔린의 사양이 꾸준하게 변화되고 있다. 정부는 지속적으로 옥탄 비율을 높이는데 힘쓰고 있지만, 생산자 입장에서는 옥탄 비율 증가는 생산비용의 증가로 확대되면서 어려움을 겪었다. 초기에는 메탄을 이용하여 옥탄 비율을 증가시켰지만, 물에 잘 녹는 성질과 자극적인 냄새로 인하여 지속적인 사용이 이루어지지 않았다.

1990년 미국의 Clean Air Act는 기존 가솔린의 환경적 문제로 인하여 Reformulated Unleaded Gasoline(RFG) 도입이 필요하다가 판단하였다. RFG 방식은 최소한 2% 산소 비중을 요구하면서 기존 방식인 Conventional Gasoline 대비 환경오염을 감소시키는 목적에 의해서 실행되었다. 이와 같이 연료에 산소를 더하면 탄소의 배출이 감소되는 방식을 응용한 RFG 요구를 충족시키기 위해서 생산자들은 Methyl Tertiary-Butyl Ether(MTBE)를 사용하였다. MTBE는 2%의 산소 포함량과 옥탄 비중을 모두 충족시키면서 미국에서 널리 사용되었다. 하지만 MTBE에 실험적으로 확인이 되지 않았지만, 발암물질을 포함할 수 있다는 가능성이 재기되었으며, 2006년 5월 5일 EPA는 2%의 산소 함유 조항을 철회하면서 MTBE의 사용량을 급격하게 감소하기 시작하였다. MTBE의 감소는 에탄올의 수요 증가로 연장되었다.

MTBE(Methyl Tertiary-Butyl Ether)는 산소를 포함한 물질로 상온에서 volitile flammable하고 무색의 액체이다. 또한 물에 매우 잘 녹는다.

MTBE는 가솔린 제조에 첨가되는 물질로 몇 가지 용도로 사용되고 있었는데, 처음에는(대략 1970년대 말) 가솔린의 성능(Octane Number)을 향상시키는 납 대신 첨가되었다. 그러다가 최근에는 MTBE의 산소 성분이 완전연소를 돕는 역할을 하기에 대기오염 방지 목적으로 매우 광범위하게 사용되고 있다(미국법규로 가솔린의 산소함량을 최소 2% 이상 함유하도록 하고 있다). 1990년도 초에는 15% 이상의 MTBE가 가솔린 제조에 사용되었다. 그러나 1997년부터 이러한 MTBE의 사용이 수질오염을 야기시킨다고 문제가 제기되면서, 드디어 1999년 3월에 미 정부 발표에 의해 2002년 말경에 더 이상 MTBE를 가솔린에 첨가할 수 없게 되었다.

MTBE가 옥탄가 향상에 사용될 수 있는 것은 MTBE의 옥탄가가 100 이상이어서 다른 혼합물(납사, 리포메이트)에 비해 높기 때문이다.

생산 및 저장

가솔린은 원유에서 생산되는 주요 제품으로 1배럴의 원유에서 약 20갤런의 가솔린이 생산된다. 가솔린 생산업자들은 주로 봄에 생산량을 증가시키면서 여름의 높은 수요를 대비한다. 미국의 드라이빙 시즌은 Memorial Day와 Labor Day 사이 기간으로 이 기간은 대부분의 학교들이 휴교를 하며, 날씨 역시 여행에 적합한 날씨를 보이기에 실제로 많은 여행이 이루어진다.

미국은 1976년 이후로 새로운 정제 시설을 건설한 적이 없으며, 현재의 정제 시설들은 모두 그 이전에 완공된 시설로 생산력 확장만 이루어지고 있다. 따라서 가솔린의 수요가 높은 여름에는 대부분의 정제 시설의 모든 생산력이 가동되면서 노후된 시설로 인한 기계의 부하 및 화재로도 이어지고 있다. 따라서 이와 같은 사고는 미국의 가솔린 공급에 큰 영향을 주고 있다.

가솔린의 생산력이 소비대비 증가율이 낮게 기록되면서 가솔린의 수입과 재고 비축 등으로 여름의 수요를 충족시키고 있다.

그림 5.1 **미국 가솔린 재고량**(1,000barrels) **및 판매량**(1,000barrels per day)**: 최근 5년 평균치**

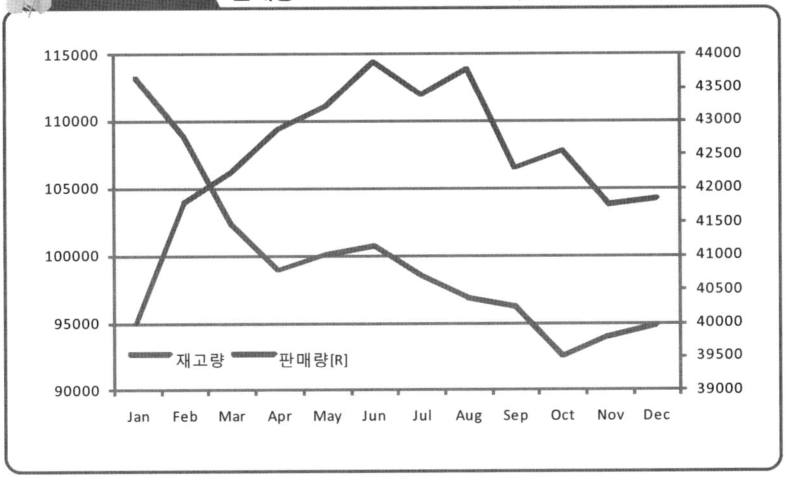

출처: EIA

미국은 대부분의 가솔린을 카리브해, 캐나다, 유럽 등의 정제 업체들로부터 수입하며, 수입되는 가솔린은 미국의 가솔린 상품명세에 맞게 가공되어 수입된다. 최근에는 중국과 인도의 성장에 따른 아시아의 가솔린 수요 증가로 미국의 가솔린 수입이 예전보다 어려움을 겪고 있는 것으로 분석된다.

미국의 가솔린 비축 패턴은 증류 제품과는 반대되는 패턴을 보이는데 겨울에는 낮은 수요로 인하여 재고량을 비축하며, 2월과 3월 중, 겨울이 끝나면 가솔린의 생산량을 증가시키면서 여름에 대비하여 재고량 비축을 늘린다. 여름이 시작되면 비축된 재고량이 소진되면서 재고량이 감소되는 것을 확인할 수 있으며 11월경에 가장 낮은 재고량을 일반적으로 기록한다.

가솔린 소비

가솔린은 미국 정제업자들이 가장 일반적으로 생산하는 제품이지만, 수요는 계절적 영향을 받는다. 가솔린의 수요는 여름철인 7월과 8월에 가장 높은 수요를 보이고 겨울 시즌인 2월경에 가장 낮은 수요를 기록한다. 난방유처럼 기온에 가솔린 수요가 민감한 반응을 보이진 않지만, 폭설 등과 같은 기후는 자동차의 운행 감소로 가솔린 수요의 감소로 확대된다.

미국의 가솔린 수요는 1992년부터 현재까지 매년 증가추세를 기록 중에 있으며, 연평균 약 1.75%의 증가율을 보이고 있다. 같은 시기 가솔린 가격은 연 평균 약 9% 이상의 상승을 기록하고 있다. 특히 미국의 가솔린 수요는 기타 에너지 제품과 마찬가지로 가격에 민감한 반응을 보이면서 가격 상승 폭이 높은 해에는 저조한 수요 증가를 기록한 것으로 나타나고 있다.

가솔린 수요의 탄력성은 단기적 관점과 장기적 관점에서 다르게 해석되고 있다. 단기적으로는 가솔린 가격이 크게 상승하여도, 단기적 수요에는 큰 변화를 찾아보기 어려울 것이다. 그 이유는 단기적으로 가솔린을 대체할 만한 대체 연료를 찾기가 어렵기 때문이다. 하지만 장기적 관점으로는 가솔린의 가격 상승이 장기적으로 목격될 경우, 가솔린 수요자들은 가솔린 가격 상승에 대비하여, 연료 효율이 높은 자동차의 구매 및 직장과 가까운 지역으로 이사 등을 통해서 가솔린 소비를 최소화로 줄인다.

가솔린 파생상품

가솔린 선물은 1981년 10월 5일에 미국 NYMEX에서 상장되었다. 하지만 최초로 상장된 가솔린은 가연가솔린으로 추후 미국 환경보호청(EPA)가 가연가솔린의 사용을 금지하면서 가연가솔린의 거래는 오래가지 못하였다. 이후 1984년 12월 3일에 무연가솔린을 새롭게 상장했으며, 무연가솔린 선물은 1990년 Clean Air Act 시행되기 전까지 성공적으로 거래되었다. 이후 뉴욕주는 RFG 방식을 채택하면서 가솔린의 실물결제가 이루어지는 뉴욕에서 무연가솔린의 수요는 급격하게 감소되었다. 1994년 12월 가솔린 선물 상품은 무연가솔린에서 RFG로 상품을 다시 한 번 변경하였으며, RFG 방식은 MTBE의 수요 감소로 인하여 2006년 12월 29일까지 거래되었다. 이후 가솔린 선물은 현재까지 거래되는 RBOB 가솔린을 이용하고 있다.

RBOB는 10퍼센트의 에탄올 연료를 함유하면서 뉴욕주가 요구하는 가솔린 상품 명세에 부합하는 상품이다. RBOB는 2005년 10월 3일에 NYMEX에 상장되었으며, 처음 상장 당시에는 RBOB와 RFG 두 상품 모두가 NYMEX에서 거래되었다. 2006년 9월까지 RFG가 더 높은 거래량을 기록하였지만, 2006년 9월 이후로 RBOB가 RFG의 거래량을 추월하였고, 이후 RFG는 상장 폐지되었다.

모든 가솔린 상품의 실물인수는 New York Harbor 지역을 원칙으로 하면서 가솔린 상품의 상장은 뉴욕주의 가솔린 정책과 민첩한 관계를 보이고 있다. 가솔린 상품은 갤런당 센트로 거래

그림 5.2 NYMEX RBOB 가솔린, 원유, Crack Spread(가솔린－원유)

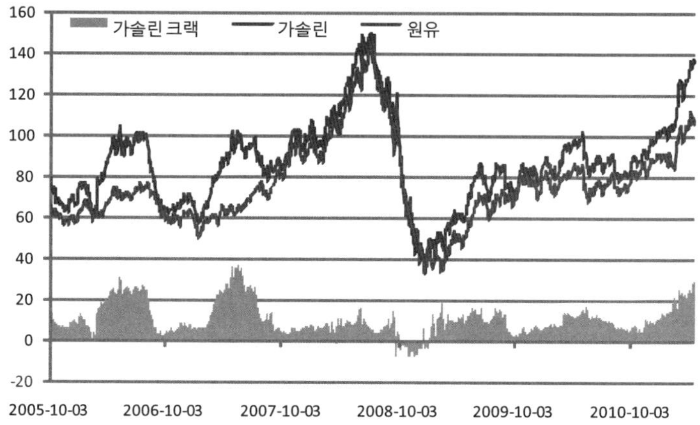

출처: Reuters

되며 한 계약은 42,000갤런의 가솔린이다. 난방유 시장과 마찬가지로, 가솔린 역시 'Crack Spread' 거래가 널리 이용되며 거래 방식은 가솔린과 원유 1계약식을 거래하는 방식이다. 특히 대부분의 정제업체들이 Crack Spread를 이용하면서 난방유 시장과 유사한 모습을 보이고 있다.

가솔린과 원유의 상관관계가 완벽하게 일치하는 모습을 보이진 않지만 대부분의 기간에서 높은 상관관계성을 보이고 있으며, 이미 확인한 바와 같이 대부분의 석유 제품들은 유사한 움직임을 나타낸다.

가솔린 가격분석

이미 난방유 단원에서 이야기한 것과 같이, 가솔린의 가격 역시 원유의 가격에 가장 큰 영향력을 받으며, 원유, 난방유, 가솔린 등 원유 제품들은 유사한 가격 움직임을 보여준다. 예를 들어 OPEC이 생산량을 크게 감소할 것으로 결정한다면, 그 결정은 가솔린 시장으로까지 우려감이 확대되면서 가솔린의 가격 상승을 목격할 수 있을 것이다. 또한 가솔린은 위의 3가지 상품들 중 가장 높은 가격대를 형성하는데, 그 이유는 수요가 가장 높은 상품이며, 생산비용 역시 가장 높은 것으로 확인되고 있다. 가솔린의 가격은 수요가 가장 높은 7월과 8월에 가장 상승하며 간혹 재고의 문제로 인하여 4월과 5월에 높은 가격을 보이는 경우도 있다. 또한 가솔린 역시 원유 및 난방유와 마찬가지로, 매주 EIA에서 발행되는 The Weekly Petroleum Status Report(WPSR)를 관심있게 지켜봐야 한다.

2000년 이후 꾸준히 상승하는 가솔린 가격에 부담을 느끼면서 가솔린에 대한 대체 에너지 연구는 전 세계적으로 꾸준하게 나타나고 있다. 미국과 브라질은 이미 옥수수와 사탕수수를 이용한 에탄올 연료를 실용화하였으며 유럽은 가솔린보다 디젤의 수요가 더욱 높은 것으로 나타나고 있다. 미국을 중심으로 가솔린의 수요는 꾸준히 증가를 기록하고 있지만, 가솔린의 생산량 증가는 수요를 따라잡지 못하면서 추후 대체 에너지에 대한 연료의 관심이 더욱 높아질 것으로 전망된다.

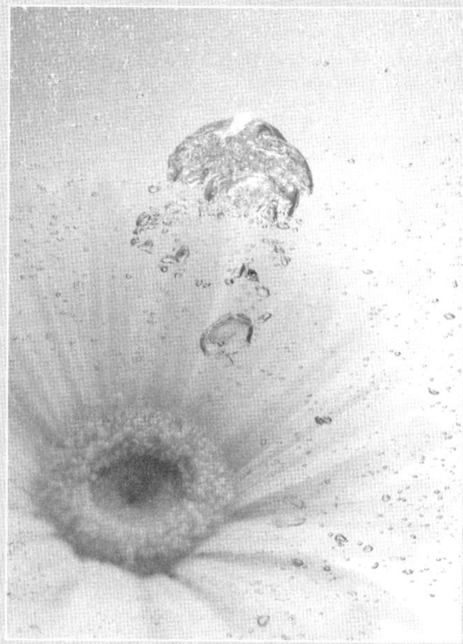

06 에탄올시장

곡물 알코올, 에틴 알코올이라고도 불리는 에탄올은 농작물에서 추출되는 알코올 성분의 연료로, 세계적으로 에탄올은 사탕수수 혹은 옥수수에서 최초로 만들어진다. 사탕수수와 옥수수 외에도 밀, 수수와 기타 녹말 작물에서 생산이 가능하다. 현재 에탄올이 가장 많이 사용되는 곳은 일반 연료와 자동차 연료로 사용되고 있다.

미국이 현재 2% 산소 포함 의무화를 해지한 시점에서 여전히 에탄올이 정제 회사에 매력적인 이유는 다음과 같다. 에탄올을

그림 6.1 미국 MTBE 및 에탄올 생산량(1,000barrels per day)

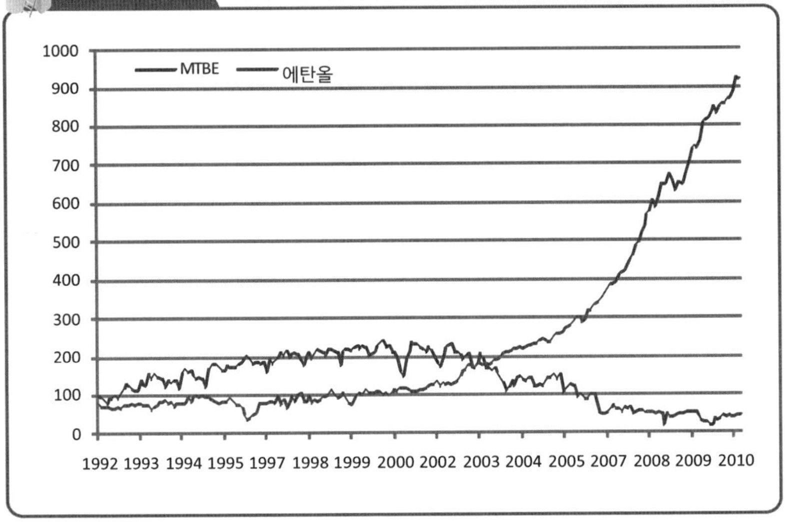

출처: EIA

이용한 산소 첨가는 EPA의 탄소 배출 규정을 만족시킬 수 있으며 MTBE와 같은 인체에 해로움 없이도 높은 옥탄 비율이 가능하기 때문이다. 또한 에탄올은 재생에너지에 포함되면서 많은 세금 혜택 역시 누릴 수 있다.

하지만 에탄올은 여전히 여러 가지 문제점 역시 지니고 있는 것으로 나타나고 있다. 가장 먼저 MTBE 대비 높은 생산비용을 보이고 있으며, 물과의 친화성 때문에 장시간 저장 시, 에탄올이 가솔린에서 분리되는 단점을 지니고 있다.

미국의 에탄올은 옥수수의 주요 수확지인 중서부 지역에서 이루어진다. 에탄올의 생산량은 미국의 캘리포니아주에서 MTBE

사용 금지 법안을 내리기 전까지 MTBE 대비 낮은 양을 보였지만, 캘리포니아주의 금지 법안 이후, MTBE의 생산량을 초과하기 시작했다. 현재 가장 보편화된 에탄올은 E10으로 불리는 제품으로 에탄올 10% 가솔린 90%의 비율로 이루어져 있다. 또한 일부 차량은 15:85 비율로도 운행이 가능하면서 E85 에탄올 역시 미국에 보급되어 있다.

에탄올 연료는 일반 가솔린보다 낮은 이동거리를 보이면서 1.41갤런의 에탄올이 일반 가솔린의 1갤런과 같은 것으로 나타나고 있다. 2005년 미국은 일일 평균 약 916만 배럴의 가솔린을 소비했으며, 이 수치를 에탄올 연료로 환산하면 약 129만 배럴로 집계된다. 따라서 1부쉘의 옥수수가 약 2.8갤런의 에탄올의 생산하므로 하루 평균 약 1억 9,370만 부쉘의 옥수수를 필요로 하며 연간으로는 약 707억 부쉘의 옥수수를 필요로 한다. 현재 미국이 세계 최대 옥수수 생산국가로 자리잡고 있지만, 연간 생산량은 약 118억 부쉘로 미국 가솔린의 모든 소비가 에탄올로 이루어지는 것은 불가능한 것으로 판단된다. 따라서 E85의 상용화는 미국 옥수수 시장에 막대한 영향력을 미칠 것으로 분석된다.

결과적으로 MTBE와 에탄올의 생산량과 환경규제 등은 가솔린 가격에 영향을 주는 요인으로 나타나고 있다. 특히 새로운 규제에 따른 정제업자들의 생산시설 변경 등은 가솔린 생산량에 직접적으로 영향을 주면서 가솔린 가격에 매우 민감하게 반응한다. 현재 새로운 가솔린 규격인 RBOB는 위의 모든 상황을 고려하여 정제업체와 옥수수 농가의 상황에 모두 반응하는 모습을 목격할 수 있다.

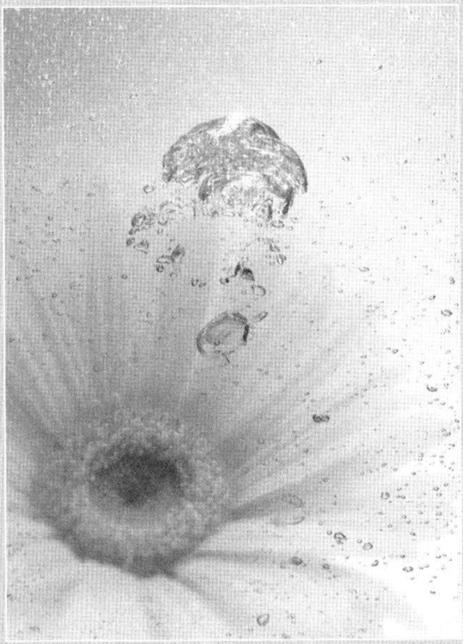

07 디젤시장

디젤 엔진에 사용되는 디젤 연료는 트럭, 기차, 버스, 배, 건설용 장비 등에서 주로 사용된다. 또한 전 세계적으로 일반 승용차에도 디젤 연료의 사용이 증가하고 있는 추세이다. 또한 디젤 발전기에도 디젤 연료가 사용되면서 산업용 시설, 병원, 정부기관 등 여러 곳에서 디젤 연료가 비상용 전력으로 사용되고 있다.

난방유와 디젤 연료는 성질이 유사한 증류액으로 두 상품 간의 가장 큰 차이점은 디젤 연료가 난방유보다 적은 황을 포함하고 있는 것이다. 일반적으로 42갤런의 원유에서 약 12갤런 수준의 증류액이 생산되며 이 중 약 2갤런의 난방유를 제외하면 모든 연료는 디젤 연료로 생산된다. 과거에는 디젤 연료의 황 함유량이 더 높았지만, 최근에는 디젤 연료의 생산과정에서 황의 비중을 감소시키면서 보다 친환경적인 연료로 자리잡고 있다. 하지만 황의 비중을 감소시키는 과정에서 추가의 생산비용이 더해지면서 일반적으로 난방유보다 높은 가격대를 형성하고 있다.

지난 2006년 6월 미국은 Ultra-Low Sulfur Diesel(ULSD)를 도입하면서 디젤 엔진에 대한 엄격한 환경규제를 시작하였다. 이 프로그램은 트럭과 버스들의 탄소 배출량을 감소시키는데 목적을 두고 있으며, 2010년 6월부터 기차, 선박 등에도 같은 규정을 적용시켰다.

디젤 연료의 중요성

디젤 엔진은 미국의 총 에너지 소비 중 약 7% 비중을 차지하고 있으며, 총 석유 수요에서는 17% 비율을 보이면서 가솔린 다음으로 소비가 높은 연료로 나타나고 있다. 특히 미국에서는 농업용 기구, 시내버스, 스쿨버스 등에 디젤 연료가 사용되면서 일상생활에도 매우 밀접한 에너지 연료로 자리잡고 있다. 건설현장에서도 대부분의 건설장비에 디젤 연료가 사용되며 트럭과 선박 등의 운송수단에도 이용되면서 가솔린과 함께 우리 생활에 가장 필요한 에너지 연료로 사용되고 있다.

그림 7.1 디젤 소비자 가격 구조

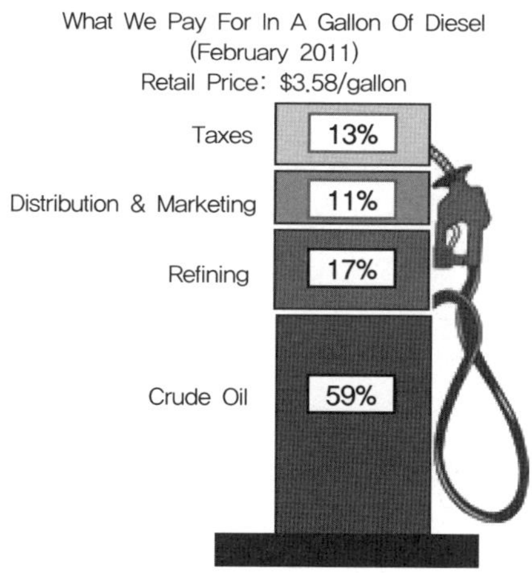

출처: EIA

디젤 소비자 가격

최종 소비자가 디젤 연료를 사용하기까지는 원유 가격, 정제, 마케팅, 유통 비용 등 여러 종류의 비용을 포함하고 있다. 따라서 디젤 연료의 소비자 가격은 위의 요인들에 의해서 가격이 변동하며 이 가격의 구조와 비중은 대부분의 국가에서 유사한 형태로 나타나고 있다.

그림 7.2 디젤 소비자 가격 vs. 쿼싱 원유 현물 가격

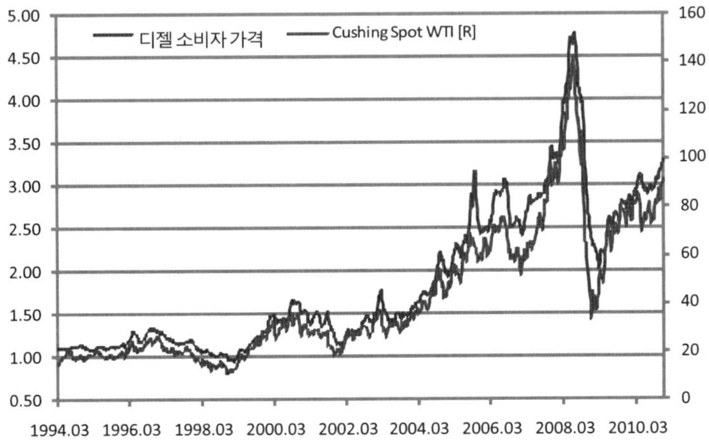

출처: EIA

디젤 가격

유럽의 경우 미국보다 디젤 연료의 수요가 더욱 높고 중요한 것으로 나타나고 있다. 유럽의 경우 일반 승용차의 디젤 엔진 장착 비율이 크게 증가하면서 디젤의 수요 역시 매년 성장해 나가고 있다. 또한 전 세계적으로도 승용차량의 디젤 엔진 판매 비율이 꾸준히 증가하면서 글로벌 디젤 연료의 수요 증가는 매우 긍정적으로 전망되고 있다. 디젤 차량의 수요 증가 외에도 중국과 남아메리카 지역에서는 디젤 발전기의 수요 역시 높은 것으로 나타나면서 글로벌 디젤 수요가 미국의 디젤 가격에 막

대한 영향을 미치는 것으로 분석된다.

디젤의 가격이 원유와 유사한 움직임을 보이면서 글로벌 경제 상황이 핵심적인 이슈로 볼 수 있지만, 디젤 역시 기타 에너지 제품과 마찬가지로 계절적 요인을 지니고 있다. 가을과 겨울시즌에는 난방유의 수요에 영향을 받으며 수확철에는 농업에서의 수요 증가로 인하여 디젤의 가격이 상승하는 것을 목격할 수 있다.

디젤 연료와 환경

디젤 연료는 많은 탄소를 배출하는 연료로 특히 디젤 엔진의 탄소 배출량은 매우 높다. 따라서 Environmental Protection Agency(EPA)는 이 문제를 해결하기 위해서 디젤의 황 함유량을 컨트롤한다. 따라서 석유 산업에서는 Ultra Low Sulfur Diesel (ULSD)를 생산하며 황의 함유량을 최소화하는데 노력하고 있다. 미국, 유럽을 포함한 대부분의 국가들이 일반 승용차량 및 대형 차량의 디젤 엔진의 탄소 배출량 역시 법으로 규제하면서 디젤 연료의 환경오염 수치는 예전에 비해서 많이 개선된 상태이며, 점차적으로 더욱 발전될 것으로 기대되고 있다.

천연가스시장

미국에서 사용되는 총 에너지 중 약 25%의 높은 비중을 차지하고 있는 천연가스는 기타 화석연료 대비 환경오염이 적은 에너지로 여겨지고 있다. 지난 10년간 미국은 자국 내에서 소비되는 천연가스 중 약 85~90%에 해당하는 수량을 자체적으로 생산한 것으로 나타나고 있으며, 대부분의 수입물량은 파이프라인을 이용하여 캐나다에서 수입되고 있다. 매년 미국의 천연가스 소비가 증가되는 이유는 다음과 같다.

그림 8.1 **연료별 미국 에너지 소비량**

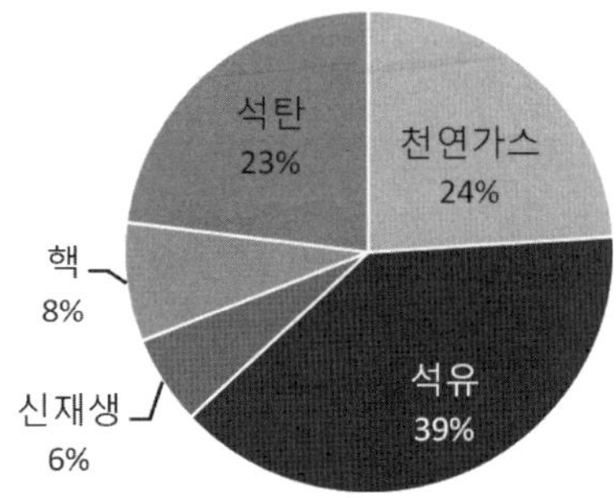

출처: EIA

- 기술력 발달로 인하여 천연가스를 이용한 발전 시, 생산비용 절감, 고에너지 효율, 건설의 소요시간 단축, 저탄소 등의 장점이 나타나고 있다.
- 가정집에서도 더 높은 에너지 효율을 보이면서 사용량이 증가하고 있다.
- 운송에서도 탄소 배출 절감 목적으로 천연가스의 사용 비중이 확대되고 있다.

최근 미국의 천연가스 수요는 꾸준한 증가를 기록하고 있지만, 북부 지역을 포함한 미국의 주요 천연가스 생산 주들이 생산 감소를 기록하기 시작하였다. 이러한 수급의 불균형은 가격의 상승 및 변동성 증가로 확대될 것이며 인플레이션으로 확대되면 경제에까지 막대한 영향을 미칠 것이다. 천연가스 수요 증가를

그림 8.2 LNG 구성 비율

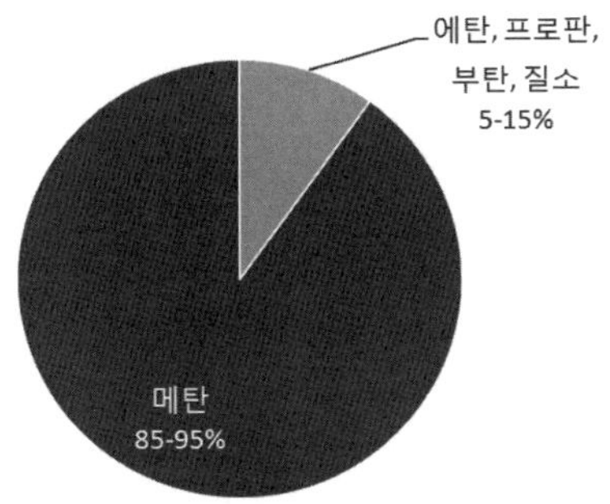

출처: National Energy Technology Laboratory

만족시키기 위해선, 천연가스의 수입 증가가 가장 현실적인 방법으로 2010년 기준 미국 천연가스의 공급 중 약 19%가 수입으로 공급되었으며, 2025년까지 수입의 비중이 약 25%까지 증가될 것으로 전망되고 있다. 천연가스의 수입은 Liquefied Natural Gas(LNG) 형태로 선박을 이용하여 수입된다.

2001년부터 2025년까지 글로벌 천연가스의 수요가 연평균 2.2%의 성장을 기록할 것으로 전망되고 있지만 아직까지 글로벌 매장량이 글로벌 수요를 커버할 수 있는 수준인 것으로 판단되고 있으며, 아직 개발되지 않은 천연가스 매장지가 더 존재하고 있는 것으로 기대되고 있다. 하지만 글로벌 생산량의 58.4%의 비중을 차지하고 있는 러시아, 이란, 카타르 국가의 천연가스 수요는 글로벌 수요의 19.4%의 낮은 비중을 차지하면서 위 국가들의 천연가스 수출이 글로벌 수급현황을 지지할 수 있는 최선의 방법이다. 따라서 해상 운송을 통한 장거리 유통이 가능한 LNG의 수요가 매년 급격히 증가하고 있다.

글로벌 천연가스시장

LNG에 대한 연구는 이미 1900년대 초반부터 시작되었으며, LNG의 첫 해상운송은 1959년 미국 루이지아나주에서 영국으로 운송되었다. 5년 후, 영국은 알제리아에서 LNG 수입을 시작했으며 영국은 1990년대까지 지속적으로 LNG 수입을 이어나갔다(1990년대 이후 북해 지역의 천연가스 가격 인하로 수입량이 감소됨).

일본은 1969년 알래스카로부터 LNG 수입을 시작했으며 1970, 80년대를 중심으로 글로벌 LNG 시장에서 핵심적인 수입국가로 자리잡기 시작하였다. 특히 일본에 많은 발전소들이 천연가스 발전 방식을 사용하면서 현재까지 일본은 천연가스 및 LNG 시장에서 가장 중요한 수입국가로 나타나고 있다.

미국은 1970년대에 알제리로부터 처음 LNG 수입을 시작하였으며, 1980년대에 'Gas Bubble'을 겪으면서 LNG 수입이 주춤하였다. 하지만 1990년대부터 미국의 천연가스 수요가 다시 증가하면서 LNG 수입 역시 꾸준한 성장을 보이고 있다. 미국은 대부분의 LNG를 트리니다드토바고로부터 공급해온다.

LNG 국제 거래는 유럽, 북/서부 아프리카, 미국 동부 및 멕시코만을 포함하는 대서양 유역과 남아시아, 인도, 러시아, 알래스카를 포함하는 아시아/태평양 유역 두 가지 핵심 유역을 이용한다. LNG 가격은 일반적으로 아시아/태평양 지역이 더 높게

그림 8.3 글로벌 LNG 수입

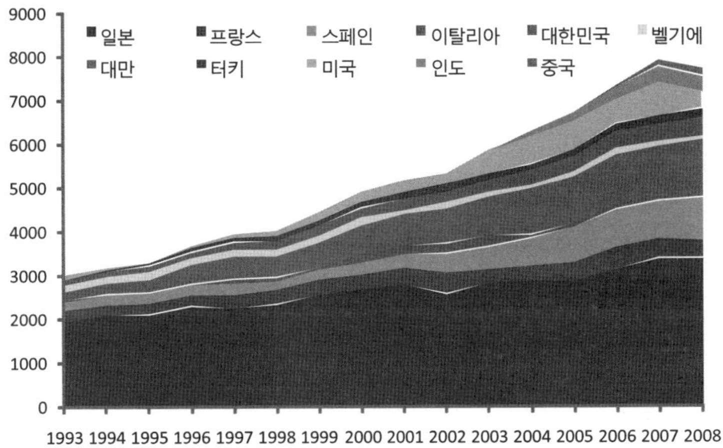

출처: EIA

형성된다.

아시아/태평양 지역에서는 일본, 대한민국, 대만이 주요 수입 국가로 나타나고 있으며, 위 3국가들은 글로벌 LNG 수입의 약 67%에 해당하는 높은 비중을 차지하고 있다. 일본이 최대 LNG 수입국가로 자리잡고 있는 가운데, 일본은 주로 인도네시아와 말레이시아에서 LNG를 수입해오며, 카타르, 아랍에미리트, 호주, 오만, 브루나이 등에서도 수입을 하고 있다. 또한 인도가 2004년 카타르로부터 LNG 수입을 시작했으며, 중국 역시 2006년부터 수입을 시작하면서 아시아/태평양 지역의 LNG 수요가 증가될 것으로 기대된다.

프랑스가 유럽 최대의 LNG 수입국가로 자리잡고 있는 가운데, 카타르와 이집트로부터 LNG를 공급받고 있다. 알제리는 스페인, 이탈리아, 벨기에 등의 유럽 지역에 LNG를 수출하고 있으며, 나이지리아 역시 유럽 지역에 수출을 하고 있다.

인도네시아가 현재 글로벌 LNG 수출의 약 21%를 차지하면서 수출 상위 국가로 자리잡고 있으며 대부분의 수출물량은 일본으로 운송된다. 일본 외에도 대만과 한국에도 수출이 이루어지고 있다. 3대 수출 국가인 말레이시아 역시 일본에 대부분의 물량을 수출하고 있으며, 대만과 한국에 역시 수출을 실행하고 있다. 호주 역시 대부분의 LNG가 일본으로 수출된다. 세계 2대 LNG 수출 국가인 알제리는 유럽과 미국 지역의 LNG 수출을 담당하고 있고, 나이지리아 역시 유럽과 미국에 수출하고 있다. 최근 미국은 트리니다드토바고에서 수출량을 증가시키고 있다.

프로판은 고에너지로 LPG 중의 하나이다. 프로판은 천연가스와 원유 두 제품 모두에서 발견되고 있으며, 두 제품에서 나오는 비중의 거의 동일한 수준이다. 프로판은 일반적으로 가스의 형태를 띠지만 높은 압력 혹은 저온에서 액체로 변화되기도 한다. 액체로 변환될 경우 프로판의 부피가 조밀해져 운송이 더욱 용이해진다. 가압된 콘테이너의 벨브를 열 경우, 프로판은 액체에서 기체로 변환되며, 프로판은 일반적으로 기체의 형태에서 사용이 가능하다.

〈표 8.1〉 주요 에너지 단위환산 표

	Energy					
	KWH	MWH	Watt–Hour	BTU	MMBTU	ft–lb
KWH	1	0.001	1,000	3,412	0.003412	2,655,224
MWH	1,000	1	1,000,000	3,412,141	3,412	2,655,223,832
Watt–hour	0.001	0.000001	1	3.412	0.0000034	2,655
BTU	0.000293083	–	0.2931	1	1,000,000	778
MMBTU	293	0.293	294,118	0.000001	1	0.000778
Ft–lb	–	–	0.0003766	0.001285	1285	1
	Power					
	KW	MW	Watt	BTU/hour	MMBTU/hour	ft–lb/s
KW	1	0.001	1,000	3,412	0.003412	738
MW	1,000	1	1,000,000	3,412,141	3,412	737,562
Watt	0.001	0.000001	1	3.412	0.0000034	0.7375
BTU/hour	0.000293083	–	0.2931	1	1,000,000	0.2161
MMBTU/hour	293	0.293	294,118	0.000001	1	–
Ft–lb/s	–	–	0.0003766	0.001285	1285	0.0003

An empty entry denotes less than 1 per 10 million.

LPG(Liquefied Petroleum Gases)

LPG(Liquefied Petroleum Gases)는 프로판, 애탄, 부탄 등을 총칭하며 천연가스의 처리공정 및 원유의 정제에서 생산된다. LPG는 1912년 미국에서 기체가 액체로 변환될 수 있는 것을 발견하면서 처음 등장했으며, 1차 세계대전 이전에 천연가스의 공급문제로 인하여 널리 이용되기 시작했다.

프로판 유통

프로판은 일반적으로 파이프라인을 통해서 운송되고 있으며, 철도, 트럭, 초대형 프로판선 등을 통해서도 운송이 이루어진다.

그림 8.4 프로판 생산 및 배송

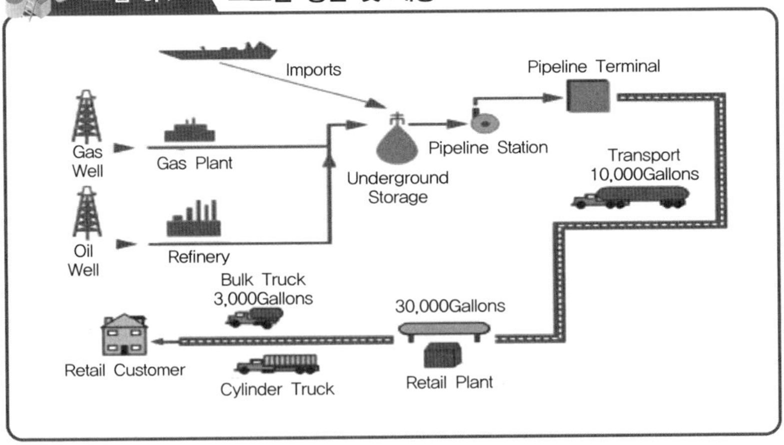

출처: EIA

그림 8.5 가정용 프로판 소비 상위 5개 지역(2009)

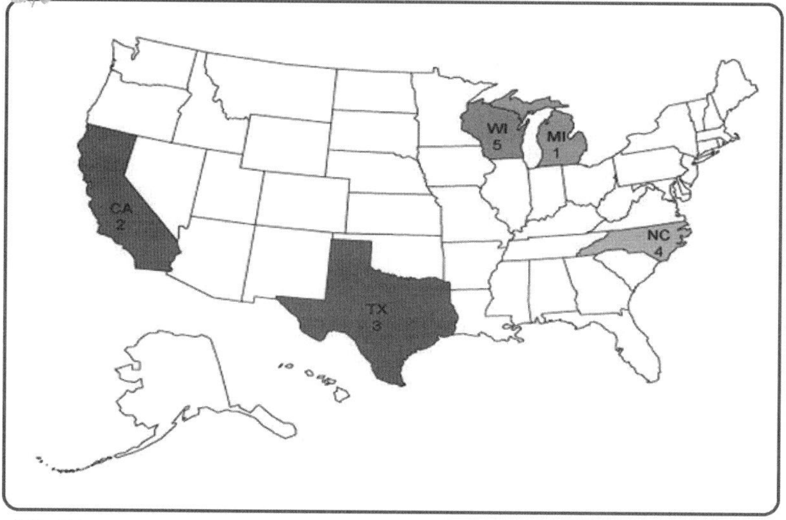

출처: EIA

프로판 수요

비록 미국의 총 에너지 소비 중, 2%의 낮은 비중을 프로판이 차지하고 있지만 시골 지방에 천연가스가 공급되지 않은 지역에서는 프로판이 가장 보편화된 에너지 원료다. 가정집에서 프로판은 난방, 온수, 취사, 건조 등에 이용된다. 농가에서는 주로 옥수수 건조와 농기구 가동에 프로판이 사용된다.

시골 지역의 가정집과 농업 외에 운송수단에도 프로판이 사용되고 있으며, 대체 연료 중 가장 높은 비중을 현재 차지하고 있다. 학교지역, 정부기관, 택시 등에는 가솔린 대신 프로판이 더 널리 이용된다.

프로판 가격

프로판 가격은 기타 석유 제품들이 받는 같은 가격 영향과 프로판 자체적인 펀더멘탈에 의해서 가격이 움직인다. 프로판의 용이한 운송 때문에 프로판은 바비큐 그릴에서부터 석유화학 제품에까지 폭넓게 이용되는 제품으로 여러 산업의 상황에 의한 가격 영향을 받는다. 산업 외에도 기타 석유 제품의 상황, 프로판 수요자와 공급자 간의 거리 등에 의한 영향을 받는다.

원유 및 천연가스 가격　비록 프로판이 원유와 천연가스 두 제품 모두에서 비슷한 비중으로 생산되고 있지만, 프로판의 가격은 주로 원유 가격의 영향을 받는다. 그 이유는 프로판이 수요가 대부분 원유를 기초로 하는 에너지 제품과 경쟁하기 때문이다.

수급현황　프로판의 수급현황은 내수의 생산량, 기후, 재고량 등에 의해서 변동된다. 프로판의 생산량은 계절적 영향을 받지 않지만, 수요의 경우 Seasonality가 높은 품목이다. 따라서 비교적 수요가 적은 여름부터 재고를 비축하며 겨울에 대부분의 재고량이 소진되는 패턴이 쉽게 목격된다. 따라서 겨울 시작 시기에 비축된 재고량이 적을 경우 겨울시즌 동안 프로판의 가격 상승이 이루어진다. 또한 평년보다 낮은 기온 역시 프로판의 가스 소비를 상승시킬 수 있다. 평년보다 기온이 낮을 경우, 에너지 소비량이 증가하면서 기타 에너지 상품의 수요가 부족하여 프로판의 소비 역시 증가하게 된다.

공급의 거리　운송비용으로 인하여 주요 공급 지역인 멕시코만과 중서부 지역에서 거리가 멀 경우 추가 프리미엄이 지급된다.

시장 지원　프로판의 수요는 여러 분야에서 나타나고 있으며, 계절적 영향 및 기타 조건에도 영향을 받고 있다. 가정집의 수요는 날씨에 직접적으로 연관을 보이며 석유화학 산업에서는 비교적 가격이 저렴한 봄과 여름에 수요가 증가한다. 또한 가을 후기에는 농업에서의 수요가 급격히 증가한다.

프로판 가격 급등원인

프로판의 경우 대부분, 연간 생산 계획에 의해서 생산되면서 기온에 따른 수요 급증에도 생산량과 운송을 이유로 증가하는 수요를 만족시키지 못하는 경우가 많다. 최근 프로판의 가격이 상승한 경우를 살펴보면, 기타 에너지 상품에 의한 상승도 있지만 수급과 공급의 불균형에 따른 가격 상승을 쉽게 목격할 수 있다.

겨울철 수요 증가는 프로판 가격의 상승으로 이어지면서, 소비자 가격 역시 겨울철에 증가하는 것을 확인할 수 있다. 또한 겨울철 일시적 수요 증가가 목격되어도, 장거리 운행의 특성상

그림 8.6 프로판 가격 VS. 원유 가격

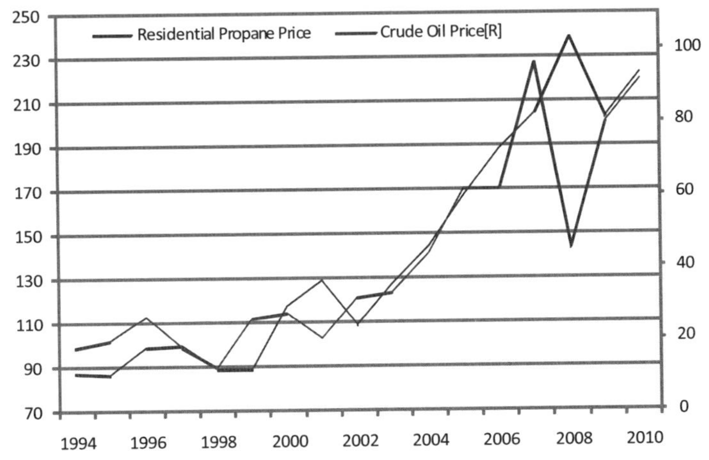

출처: Reuters

수입으로 인한 가격 인하도 시간적으로 어려운 것으로 나타나고 있다. 하지만 겨울철 가정용 수요 증가로 인한 가격 상승은 기타 석유화학 산업에서의 수요 감소로 이어진다.

Gas-to-Liquids과 Coal-to-Liquids

Gas-to-Liquids(GTL), Coal-to-Liquids(CTL)는 천연가스 혹은 석탄을 액체 상태의 제품으로 변형시키는 기술이다. 석탄을 액체 연료로 변화시키는 대표적인 기술은 다음 두 가지가 있다.

첫 번째 방식은 Direct Liquefaction으로 고온과 압력을 이용하여 변형시킨다. 두 번째 방법은 Indirect Liquefaction 방법으로 Fischer-Tropsch 방식을 사용한다.

Fischer-Tropsch 방법은 두 명의 독일 과학자들이 1920년대 독일이 석탄은 풍부하였지만, 액체연료가 부족하면서 액체연료에 대한 대체 상품을 개발하는 과정에서 발견된 방식으로 두 과학자의 이름을 따서 개발되었다.

GTL 생산방식은 Fischer-Tropsch 방식이 10년 가까이 사용되었음에도 불구하고, 현재 상업적 목적의 GTL 공장은 찾아보기 힘들다. Petro SA, Shell, Sasol, Qatar Petroleum 등 일부 업체들이 소량의 GTL 상업 공장을 운영하고 있다.

CTL은 남아프리카와 중국이 유일하게 오늘날에도 CTL 상업시설을 유지하고 있다. 남아프리카의 경우 1955년부터 CTL 방식을 사용했으며, 현재 남아프리카에서 생산되는 가솔린과 디젤의 30%는 석탄으로부터 생산되고 있다. 중국은 2010년부터 CTL 생산이 시작되었고, 향후 인도와 중국이 CTL 생산에 많은 관심을 가지고 있는 것으로 나타나고 있다.

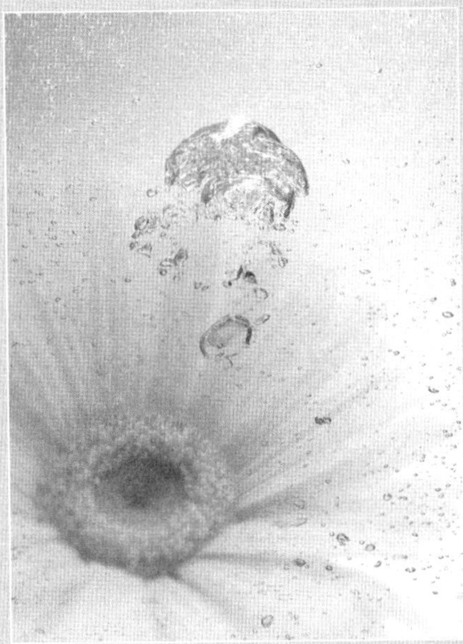

09 오일샌드시장

오일샌드는 역청(Bitumen)을 함유한 모래 혹은 암석을 뜻하며 점성과 밀도로 구분된다. 오일샌드는 생산장소에 따라서 다른 성질을 지니고 있지만, 대부분 높은 밀도와 점성의 특징을 포함하고 있다. 오일샌드는 비재래형 원유(Unconventional Oil)로 재래형 원유(Conventional Oil)처럼 사용되기까지는 많은 업그레이드 과정을 필요로 한다. 업그레이드를 통해서 SCO(Synthetic Crude Oil)로 변형된 오일샌드는 일반 재래형 원유처럼 가솔린, 디젤, 항공유 등의 에너지 상품으로 생산이

그림 9.1 오일샌드 프로세스

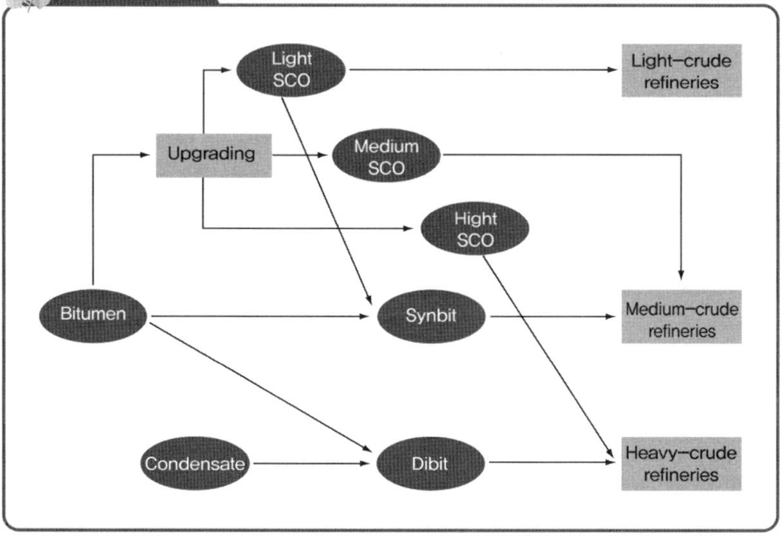

출처: Economic and Environmental Trade-offs by Michael Toman

가능해진다.

오일샌드의 Bitumen은 SCO, Bilbit(희석액+Bitumen), Synbit (SCO+Bitumen) 3가지 중 하나에 투입된다. 이렇게 업그레이드된 SCO는 원유의 대체제로 사용이 가능해진다. 일부 업체들은 업그레이 이전의 Bitumen을 판매하기도 하는데 운송방법인 파이프라인 사용을 위해서 나프타와 같은 혼합물을 이용하여 점성을 떨어트린다.

북아메리카 오일샌드

캐나다는 오일샌드 매장량이 매우 높은 국가로 2008년 기준 약 1,730억 배럴이 매장되어 있는 것을 추측되고 있다. 캐나다 오일샌드의 대부분은 알버타주에 위치되어 있는 것으로 파악된다. 미국은 캐나다와 같은 많은 양의 오일샌드가 매장되어 있지 않지만, 540억 배럴 정도의 확인된 매장량과 아직까지 개발 중인 추가 오일샌드가 미국 내에 매장되어 있는 것으로 예상된다.

많은 매장량을 보유하고 있는 캐나다의 실질적인 SCO 생산량은 2015년에서 2020년까지 약 3~400백만 bbl/d를 보일 것으로 캐나다 당국은 예상하고 있다. 하지만 이와 같은 예상 생산량은 국제 원유 가격에 가장 큰 영향을 받을 것으로 보인다. 현재와 같은 높은 원유 가격이 유지될 경우 오일샌드의 생산량이 긍정적으로 전망되지만, 원유 가격의 하락은 생산 감소로 이어질 것이다. 국제 원유 가격 외에도, 생산 기술력, 환경적 문제 등이 오일샌드 생산량에 영향을 줄 것으로 분석된다.

그림 9.2 **캐나다 알버타주 오일샌드 매장량**(개발완료 및 개발진행 중인 수량)

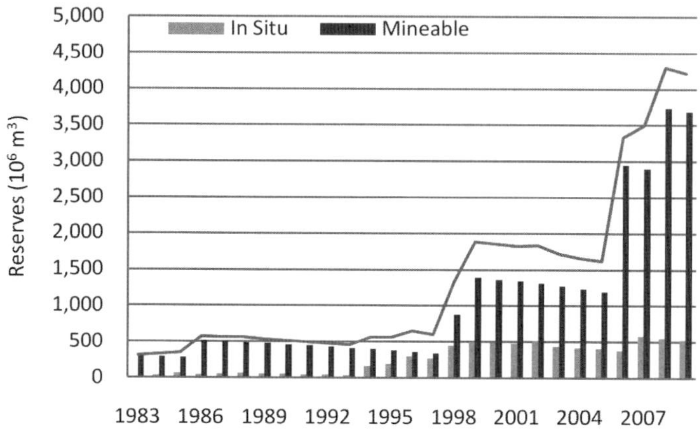

출처: Energy Resource Conservation Board

그림 9.3 **캐나다 알버타주 오일샌드, SCO 생산량 및 SCO 가격**

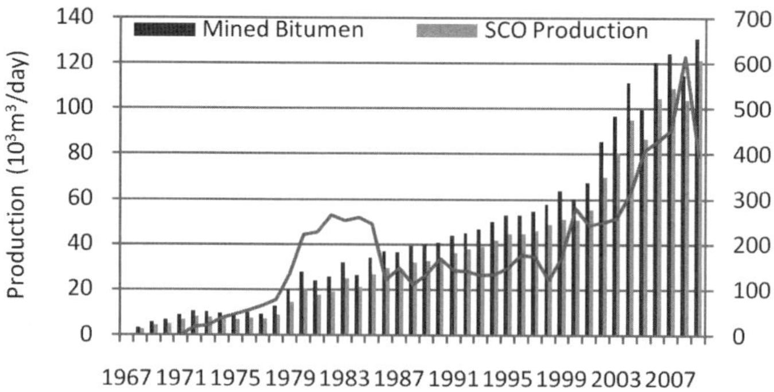

출처: Energy Resource Conservation Board

오일샌드와 탄소 배출량

SCO의 생산은 재래형 원유보다 더 많은 에너지를 투입하면서 더 많은 탄소를 배출해낸다. 이산화탄소는 역청(Bitumen)이 추출되는 과정과 SCO로 업그레이드되는 과정에서 모두 발생되면서 SCO의 총 이산화탄소 배출량은 저유황연료와 경질원유 대비 약 20%의 높은 탄소 배출 비율을 나타내고 있다. 오일샌드의 정확한 탄소 배출 수치는 〈표 9.1〉에서 확인할 수 있다.

〈표 9.1〉 오일샌드 탄소

Process	CO_2 Intensity (ton Co_2 e/bbl SCO) Low	High
Extraction and production emissions without CCS		
Mining and extraction		
Point(utility heaters, power)	0.015	0.022
Nonpoint(flle, mine face, tailing ponds)	0.010	0.014
Total	0.025	0.035
In situ(SAGD)		
Point(boilers and plant energy)	0.044	0.050
Nonpoint(fugitive, vehicle fleets, flaring)	0.0036	0.0045
Total	0.047	0.054
Upgrading		
Point: hydrogen production	0.013	0.037
Point: combustion sources(coker, boilers)	0.034	0.034
Nonpoint(fugitive)	0.00091	0.00091
Total	0.047	0.072
Total production emissions generated		
Mining and extraction + upgrading	0.073	0.110
In situ + upgrading	0.094	0.130

Emissions assuming CCS with capture from point sources		
Mining and extraction + upgrading with CCS + transport to United States		
Production emissions captured and stored (assuming capture from all point sources)	0.053	0.079
Production emissions released	0.020	0.028
Transport emissions	0.021	Same
Use-phase emissions	0.470	Same
Total life-cycle emissions released	0.510	0.510
In situ + upgrading with CCS + transport to United States		
Production emissions captured and stored (assuming capture from all point sources)	0.076	0.100
Production emissions released	0.018	0.023
Transport emissions	0.021	Same
Use-phase emissions	0.470	Same
Total life-cycle emissions released	0.500	0.510

출처: Point and nonpoint emissions in production: Pembina Institute(McCulloch, Raynolds, and Wong, 2006)

천연가스의 가격, 탄소할당제, SCO 생산비용 등, 오일샌드를 이용하는 데에는 여러 가지 가격적 고려 요인들이 존재한다. 이러한 생산비용을 수치화하기 위해서 대부분의 오일샌드 생산자들은 아래의 공식을 이용하여 생산비용을 창출해낸다.

생산비용($/bbl) = annualized capital charge($) / annual production(bbl)
+ annualized nonfuel operating costs($) / annual production(bbl)
+ natural gas feedstock intensity(Mcf/bbl) × price of natural gas($/Mcf)
+CO_2 emitted(ton CO_2/bbl) × cost of CO_2 emissions($/ton CO_2)

$+CO_2$ captured(ton CO_2/bbl) × cost of CCS(\$/ton CO_2)

위의 산식에서 처음 두 계산과정은 기술력에 의해서 가격이 결정되며, 세 번째 과정은 천연가스의 가격을 시험하는 과정이다. 네 번째는 탄소에 관한 규제를 산식에 적용시킨 것이며 마지막 단계는 탄소와 탄소포집(CCS)의 비용을 고려한 것이다.

오일샌드의 생산은 제한적인 에너지자원을 해결하는데 분명 도움을 줄 수 있는 에너지 원료이지만, 생산과정을 통한 탄소 배출량과 생산비용 등이 고려되어서 시장의 상황에 의해서 생산이 가능한 연료로 자리잡고 있다. 북미 지역을 중심으로 매장량이 꾸준히 발견되고 있으며, 지속적으로 기술 개발이 이루어지면서 미래 에너지로 주목받고 있다.

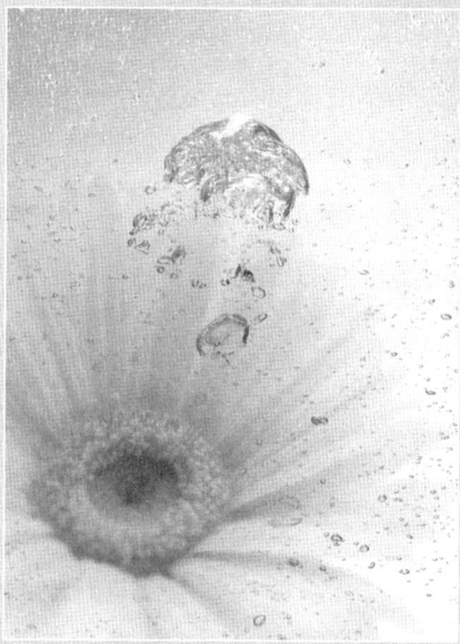

10

셰일가스시장

현재 전 세계적으로 48개의 셰일가스 분지가 발견되었으며, 32개국에 분포되어 있다. 현재 셰일가스의 주요 사용처는 미국의 천연가스 생산에 사용되고 있으며, 전 세계적으로도 지역 특색에 맞게 사용이 되고 있다.

Horizontal Drilling 시스템을 이용하여 셰일가스를 이용한 천연가스의 생산이 가능해졌다. 1970년대에 정부와 민간기업의 합작 개발로 셰일 바위를 이용한 가스 생산 연구가 시작되었고, 1980년대에 Horizontal Drilling을 이용하여 방법이 시작되었다.

현재 32개국에 추정된 생산 가능 매장량은 약 5,760 Trillion Cubic Feet이며, 추정된 매장량은 약 6,622 Trillion Cubic Feet으로 예상하고 있다. 이 수치는 전 세계 가스 자원 매장량인 22,600 Trillion Cubic Feet의 약 40%의 해당되는 높은 수치이다.

Wood Mackenzie사의 연구에 따르면 셰일가스, 석탄층 메탄가스, 치밀가스 등의 Unconventional Gas의 매장량이 북미 지역의 에너지 생산 추세를 바꾸고 있는 것으로 발표하고 있다. 2010년에는 북미 지역의 가스 소비 중 약 절반 가량이 비전통적 가스(Unconventional Gas)를 이용하여 소비된 것으로 조사하고 있으며, 2030년까지는 그 비중이 70%까지 증가할 것으로 예측하고 있다. 또한 중국, 인도, 유럽 증의 비전통적 가스(Unconventional Gas) 생산량은 2020년까지 약 36~55bcm per year를 기록할 것으로 예상하고 있으며, 2030년에는 142~288bcm per year로 예상하고 있다.

셰일가스는 진흙이 쌓여 만들어진 퇴적암층인 셰일층에 존재하는 천연가스다. 화학적 조성은 기존의 가스와 동일하며 난방용, 연료용, 석유화학 원료 등으로 사용된다. 2000년대에 들어 혁신적인 채굴 기술이 개발된 후 생산이 본격화됐다. 특히 2006년 이후 북미 셰일가스 생산량이 급증했다.

"우리에겐 100년간 쓸 수 있는 새로운 형태의 가스가 있다." 2012년 초 연두교서에서 버락 오바마 미 대통령이 '셰일가스'에 대해 언급한 내용이다.[1)]

1) 매경이코노미 제1663호

셰일가스가 에너지 업계의 뉴스타로 떠올랐다. 현재 확인된 매장량만 해도 187조㎥로 세계 인구가 59년간 사용할 수 있다. 석유 매장량과 맞먹는 수준으로 셰일가스를 두고 각축전도 벌어지고 있다. 미국 정부는 이후 대규모 투자계획을 내놓았다. 중국 역시 막대한 매장량을 앞세워 개발을 서두르고 있고 우리나라도 미국 기업으로부터 2017년부터 셰일가스를 도입한다는 내용의 계약을 체결했다. 셰일가스가 세계 경제를 재도약시킬 수 있다는 낙관적 전망과 채굴 과정에서의 환경오염 문제를 지적하는 목소리도 있다.

셰일가스가 발견된 지는 오래됐지만, 그동안 채굴 기술이 발달하지 않은 1990년대까지만 해도 외면받아왔다. 진흙층에서 이 가스를 추출해내기가 기술적으로 쉽지 않았기 때문이다.

하지만 최근 들어 사정이 변했다. 물과 모래, 화학약품을 섞은 혼합액을 고압으로 분사하는 수압파쇄법과 수평으로 가스를 시추하는 방법 등이 상용화되면서부터다.

셰일가스의 장점은 무엇보다 풍부한 매장량이다. 셰일가스의 추정 매장량은 187조㎥로 기존 천연가스나 석유의 매장량과 유사하다. 또 세계 각 지역에 고르게 분포돼 있다. 특히 에너지 수요가 높은 중국과 미국이 매장량 1, 2위를 다투고 있다. 한국가스공사 관계자는 “잠재 매장량은 645조㎥로 추정된다. 현재 가스 사용량을 보면 200년간 사용이 가능한 정도다”라면서 “고루 분포돼 있다는 점에서 천연가스 가격 안정이나 에너지 자원 무기화에 대한 견제의 의미도 있다”고 설명했다.

활용도도 높다. 셰일가스가 기본적으로 천연가스의 일종인 만

그림 10.1 주요국 셰일가스 매장량

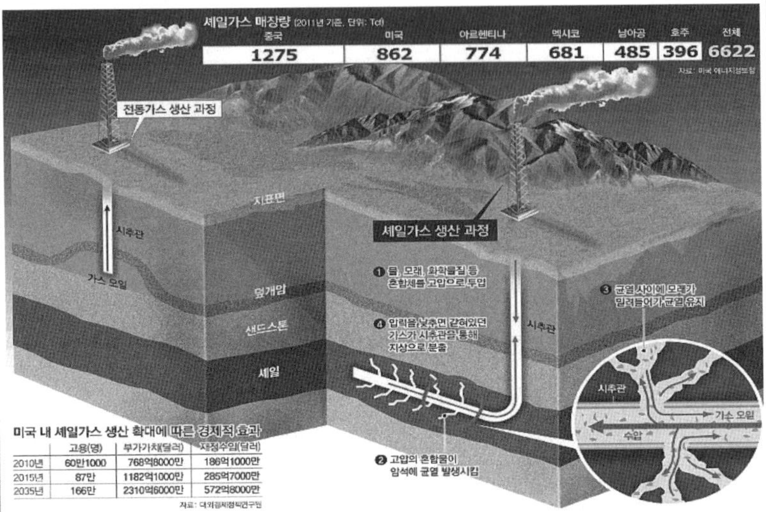

큼 난방연료와 발전용, 에탄 등 석유화학원료, 액화천연가스(LNG)처럼 사용할 수 있다. 사정이 이렇게 되자 기업들의 움직임도 활발하다. 미국의 엑손모빌은 2009년 가스기업인 XTO에너지를 360억 달러(42조원)에 인수했으며, 프랑스의 토탈은 올해 미국 오하이오주의 우티카셰일 지대 지분 25%를 23억 달러에 사들였다. 시노펙 · 중국해양석유총공사 등의 중국 기업들은 뒤떨어진 채굴 기술을 확보하기 위해 해외 기업 인수와 합작투자를 적극적으로 추진 중이다.

셰일가스 개발에 가장 적극적인 국가는 미국이다. 에너지의 50%를 수입하고 있는 상황에서 셰일가스는 구세주나 다름없다.

석유 메이저들이 생산에 가세하면서 미국의 셰일가스 생산은 지난 1998년 하루 2,800만㎥ 미만이었다가 지난해 1억4,100만㎥로 5배 넘게 늘었다. 셰일가스 생산이 늘면서 미국은 2009년 이후 러시아를 제치고 천연가스 세계 1위 생산국에 올라섰다. 버락 오바마 미 대통령이 올해 연두교서에서 "셰일가스를 안전하게 개발하기 위한 모든 조처를 취할 것"이라고 밝힌 배경이다. 현재 미국 천연가스 생산량 중 셰일가스 비중은 25% 수준이지만, 2035년까지 49%로 늘린다는 계획이다.

한편 중국은 2004년 셰일가스와 관련된 지질 조사를 시작했으며, 2015년까지 천연가스 공급 비율을 지금의 두 배 수준인 8%까지 늘릴 예정이다. 더욱이 중국의 경우, 셰일가스 최대 매장국이다(매장량 36.1조㎥). 아직까지 채굴 기술 등이 미국에 뒤처지지만 수년 안에 따라잡을 수 있을 전망이다. 이미 지난 2010년 중국석유공사는 에너지기업 셸과 손잡고 30년 동안 중국의 셰일가스를 공동 개발키로 했다. 최근에는 중국 에너지기업들이 미국의 소규모 셰일가스업체들을 인수합병하거나, 지분 투자를 하는 사례도 늘고 있다. 셰일가스를 둘러싸고 미국과 중국의 경쟁이 치열해지고 있는 가운데 2020년쯤에는 양국이 천연가스 시장에서 최대 생산국이자 수요국으로 이 시장을 주도해나갈 전망이다.

가스 수요의 상당량을 러시아에 의존하고 있는 유럽도 셰일가스에 눈을 돌리고 있다. 현재 유럽의 러시아에 대한 천연가스 수급 의존도는 30%에 이른다. 영국의 브리티시페트롤리엄(BP)·로열더치셸, 노르웨이의 스타토일, 프랑스의 토탈 등 유럽 메이

저 에너지업체들은 오스트리아, 독일, 프랑스, 헝가리, 폴란드 등 유럽 전역에서 셰일가스 시추사업을 하고 있다.

우리 기업과 정부도 셰일가스 사업에 적극 나서고 있다. 미국 에너지 유통업체와 2017년부터 20년 동안 연간 350만톤의 가스를 공급받기로 계약했다. 당장 셰일가스가 도입되는 것은 아니지만, 국제 천연가스 가격이 안정되는 효과가 기대된다. 국내에서 수입하는 중동산 LNG 가격은 m^3당 17달러 안팎이다. 배럴로 따지면 87달러 수준이다. 이 때문에 m^3당 2~3달러 수준인 미국산 천연가스가 국내에 수입되면 중동산 가스 가격이 내려갈 것이란 기대가 없지 않다. 셰일가스를 액화하고 다시 기화하는 비용과 수송비용 등을 포함하면 실제 가격은 m^3당 12달러 안팎이 될 전망이다.

Q 셰일가스가 새롭게 주목받는 이유는 무엇인가?

A 석유 가격은 높고, 태양광 등 신재생에너지의 경제성은 여전히 떨어지는 상태다. 셰일가스는 탐사·채굴 등 기술이 많이 좋아진 데다, 미국 내 가스 수요가 지속적으로 늘고 있다. 여기에 오바마 정부에서 셰일가스를 강조한 점도 붐을 이루는 요인이다. 셰일가스 상업화 이후 국제 천연가스 가격이 크게 떨어졌다. 셰일가스는 새로운 에너지원으로 자리를 잡았다.

Q 셰일가스가 에너지 시장에 어떤 변화를 가져올지 궁금하다.

A 셰일가스 산업은 가스를 생산하는 단계에서 벗어나 석유화학 산업의 원료로 사용하는 2단계로 나아갔다. 여기에 오일 메이저들의 참여로 새로운 단계에 들어섰다. 세계 최대 기업 엑손모빌이 가스전을 보유한 XTO에너지를 사들였다. 페트로차이나 등 중국 기업들도 공격적으로 나서고 있다.

Q 셰일가스를 둘러싸고 미국과 중국이 경쟁하는 양상이다.

A 에너지는 어떻게 보면 안보 차원의 문제다. 에너지를 뺏기면 다 뺏긴다는 인식이 강하다. 여기에 중국과 미국 모두 셰일가스 매장량이 많다. 다만 중국은 시추 등의 기술력은 뒤떨어진다. 하지만 몇 년 안에 독자적인 기술력을 갖출 것으로 보인다. 현재로선 기술력이나 산업의 활용도 면에서 미국이 한발 앞서 있는 상황이다.

Q 셰일가스가 한국에는 어떤 의미가 있는가?

A 셰일가스의 석유환산톤당 현물 가격은 2달러대에 불과하다. 현재 생산비가 톤당 1달러대로 이 정도 가격으로도 채산성이 있다. 한국이 카타르에서 도입하는 천연가스 가격은 17달러대다. 앞으로 셰일가스가 본격적으로 도입되면 에너지 가격 안정에 도움을 줄 것이다. 또한

가스전 개발이나 LNG선, 천연가스 관련 플랜트 등 다양한 분야에서 한국 기업들이 활발하게 사업을 벌일 수 있다. 셰일가스를 둘러싼 전후방 사업은 유달리 한국이 경쟁력을 가진 분야다.

Q 직접 미국에서 채굴하고 생산하는 것도 가능한가?

A 지분투자나 인수합병(M&A) 등 모두 가능하다. 셰일가스 개발에 대해 미국 정부는 외국 기업이나 투자에 개방적인 태도를 취하고 있다. 자유무역협정(FTA)을 활용하는 것도 중요하다. 특히 직접 투자를 통해 기술 등을 습득한 후 제3국에서 주도적으로 셰일가스를 개발하는 것도 좋은 모델이 될 수 있다.

Q 문제점은 없나?

A 해외 자원 투자는 이명박 정부가 한 것 중 가장 잘한 일이라고 본다. 다만 한두 가지 불미스러운 사건이 있어 아쉽다. 방향은 맞지만 경험이 없어 너무 비싼 가격을 지불하는 게 늘 문제다. 앞으로 2016년쯤 되면 가스 시장이 셰일가스 중심으로 재편될 가능성이 높다.

이 과정에서 한국이 셰일가스 매장량이 풍부한 중국에 종속될 가능성도 배제할 수 없다. 한국 입장에선 미국, 중국, 호주 등 다양한 곳에서 도입을 추진하고 개발에도 적극적으로 나서야 한다.

잠깐 용어

셰일가스(Shale Gas)

지하 퇴적암층인 셰일(혈암)층에 저장된 메탄가스. 셰일은 오랜 세월 점토가 쌓여 단단하게 굳어진 암석이다. 셰일가스를 비롯해 퇴적암층에서 추출되는 치밀가스, 석탄층 메탄가스 등은 유정에서 추출하는 일반 천연가스와 구분하기 위해 비전통적(Unconventional) 가스로 분류된다.

수압파쇄(Hydraulic Fracturing)

물과 모래, 화학물질 등을 혼합해 고압으로 지하에 투입, 가스가 내재된 암석층에 균열을 일으키는 공법.

수평시추(Horizontal Drilling)

수직방향에서 떨어진 목표지점에 도달하기 위해 미리 설계된 방향, 각도에 따른 경로로 시추하는 기술. 가스 저류층과의 접촉면을 넓혀 분출된 가스를 더욱 많이 회수하는 효과가 있다.

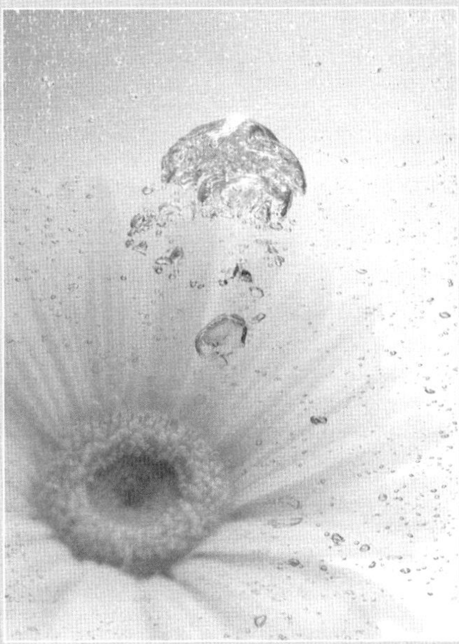

11 전력시장

전력은 현재 지구상에서 가장 널리 사용되는 에너지 형태 중 하나로 전력은 2차적인 에너지 자원으로 석탄, 핵, 태양력 등 다른 에너지 자원에서 얻어진다. 전력이 가정으로 공급되기 전에는 등유를 이용한 전구를 사용했으며, 아이스박스, 나무 등을 이용해 음식의 저장과 난방을 해결하였다. '16세기 말 영국의 윌리엄 길버트는 자석에 대한 연구로 호박이 지니는 전기력과 자석의 자기력과의 차이를 처음으로 명확이 밝혔으며, 1752년 미국의 벤저민 프랭클린은 연을 이용한 실

그림 11.1 원자1

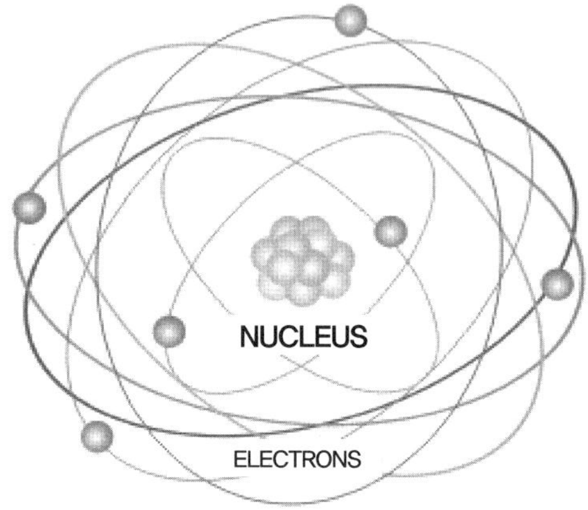

출처: EIA

험을 통해 번개의 전기적 성질을 증명하였다. 프랑스의 물리학자 뒤페는 전하에 양과 음의 구별이 있다는 사실을 발견하였으며, 이어 계속되는 연구로 오늘날 생활에서 물과 공기만큼 없어서는 안 될 중요한 자원으로 여겨지고 있다.

원자(Atoms)

원자의 중심을 핵이라고 부르며, 양성자와 중성자로 만들어진다. 전자는 핵 주위를 회전하면서 원자를 구성한다. 양성자와 전자는 각각 양과 음의 성질을 띠면서 서로를 끌어당기고, 양성자의 구성수에 따라서 원자의 종류가 결정된다.

그림 11.2 원자2

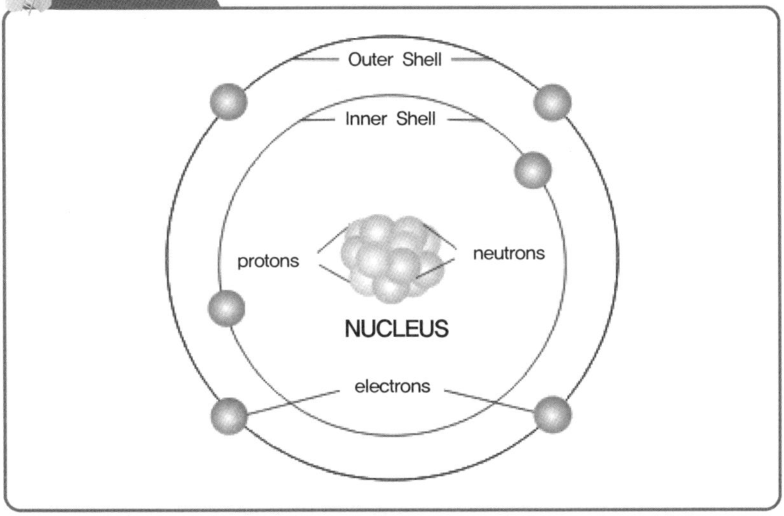

출처: EIA

전자는 Shell 안에서 핵에서 일정한 거리를 항상 유지한다. 핵에서 가장 가까운 Shell은 두 개의 전자를 지닐 수 있으며, 다음 Shell은 여덟 개의 전자를 보유할 수 있다. 더 바깥쪽에 위치할 Shell일수록 더 많은 전자를 포함할 수 있다. 양성자의 보유 수량이 많은 원자의 경우 일곱 개의 Shell을 가질 수 있으며, 이 Shell에는 많은 전자를 포함하고 있다. 핵에 가까이 위치한 Shell일수록 더 강력한 힘으로 양성자를 끌어당기며 다른 원자를 끌어당기기도 한다. 이러한 원리가 전자를 전기로 바꾸게 하는 것이다.

전력단위

전기는 와트라고 불리는 단위로 측정되며, 와트는 증기기관의 발견자인 제임스 와트의 이름을 따서 만들어졌다. 1와트는 아주 적은 양의 전력으로 750와트가 1마력과 같은 힘을 지닌다. 1킬로와트는 1,000와트와 같다. 1킬로와트시(kWh)는 1,000와트가 한 시간 동안 움직이는 에너지를 뜻한다. 발전소와 소비자가 사용하는 전력 역시 킬로와트시로 표기되며 킬로와트시는 시간당 사용된 킬로와트의 양에 의해서 결정된다. 예를 들어 5시간 동안 40와트의 전구를 사용하면 200와트시, 혹은 0.2킬로와트시의 에너지를 소비한 것이다.

전력의 발전

발전기는 에너지를 전기 에너지로 변형시키는 기계 장치이다. 발전기의 절차는 자력과 전력의 관계를 기초로 두며. 일반적인 발전소의 발전기는 전자석 방식을 사용하고 있다. 발전소들은 터빈, 엔진, 물방아 방식의 발전기를 주로 사용하며, 미국에서는 증기터빈 방식을 가장 많이 사용한다. 증기터빈 방식은 석탄과 핵을 이용해 발전을 시키며 미국의 약 70% 비중을 차지하는 중요한 방식이다. 터빈 발전기는 〈그림 11.3〉의 그림과 같은 방법으로 전력을 만들어낸다.

그림 11.3 터빈

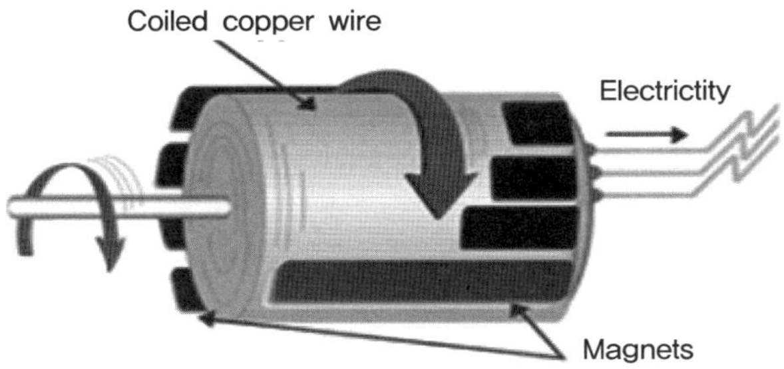

출처: Energy For Keeps(Public Domain)

EU지역 전력시장에서 독일, 네덜란드, 영국은 매우 중요한 시장이다. 특히 독일의 경우는 유럽지역에서 석탄 매장량이 가장 많은 국가이며, 지역 내 가스 공급망이 잘 갖추어진 국가이다. 유럽지역의 전력시장은 6개 블록으로 크게 나뉘어 전력의 수출입이 자유로운 지역이다.

유럽시장의 전력과 가스는 지속적인 거래량 증가를 기록하고 있는 가운데, 2005년 기준 European Federation of Energy Trading(EFET)의 독일 전력시장 거래량은 2,500TWh[1] 이상을 기록하면서 독일 전력 소비량의 약 5배에 해당하는 높은 거래량을 보였다. 같은 해에 영국 역시 2,500TWh의 거래량을 보였으며, 스칸디나비안 반도 지역도 2,000TWh 수준의 높은 거래량을 기록하였다. 이렇듯 유럽의 전력시장 규모는 점차적으로 크게 증가

1) 1TWh=1million MWh, 1MWh=1,000kWh

될 것으로 유럽 지역은 기대하고 있다.

전력은 원자재 상품으로 독특한 특징을 지니고 있다. 전력은 축적이 불가능하지만 반드시 생산된 시점에서 소비가 이루어져야 된다. 전력의 축적은 매우 제한적으로 가능하며 그 가능한 예는 수력전기이다. 축적이 불가능한 전력 상품의 특성으로, 전력시장은 시간별로 다른 가격대를 형성하고 있다. 이러한 특징은 비축이 가능한 원유, 천연가스와는 차별화되면서 비축이 가능한 기타 에너지 상품의 특징인 계절적 특성보다는 전력에서는 시간별 Peak Time이 더 중요한 요소이다.

유럽 전력시장

전력은 장외 및 장내에서 모두 거래가 가능한 상품이다. 전력시장의 참여자는 대규모 및 소규모 전력 생산자와 소비자 집단들이다. 대규모 전력 생산자의 경우 매수와 매도 포지션 모두를 취하는데 그 이유는 전력 생산에 대한 Hedge 외에도, 자신들보다 저렴한 전력 생산자가 있을 경우, 해당 전력을 매수하며, 시간별로 소비량에 따라서 매수와 매도 포지션을 반복한다. 소규모 생산자의 경우, 당일별로 전력 가격을 확인하고 자신들의 생산가격과 비교하여 매수와 매도 포지션을 정한다. 실 수요자 외에도 은행과 투자기관들과 같은 투기의 목적으로 시장에 참여하고 있다.

기본적으로 전력시장의 가격은 지역별 생산량과 소비량에 의해서 가격이 형성되지만, 크게는 유럽 지역 전체가 연관되고 있

〈표 11.1〉 유럽 전력 거래소

Exchange	Internet Address	Based in:
EEX	www.eex.com	Germany
Powernext	www.powernext.fr	France
IPEX	www.mercatoelettrico.org	Italy
APX	www.apx.nl	Netherlands
EXAA	www.exaa.at	Austria
PolPX	www.polpx.pl	Poland
Nordpool	www.nordpool.com	Denmark, Finland, Norway, Sweden
Borzen	www.borzen.sl	Slovenia
OMEL	www.omel.es	Spain
UKPX	www.ukpx.co.uk	United Kingdom

출처: The Handbook of Commodity Investing

다. 예를 들어 독일의 전력 시장은 독일 내수용 전력 수급만이 고려되지 않고, 덴마크, 네덜란드, 체코, 폴란드 등 기타 국가에도 전력을 공급하고 공급 받으면서 유럽 전체 시장 상황이 독일 전력 가격에 고려되어지고 있다. 이렇듯 유럽 전역의 전력이 서로 링크되면서 큰 가격 격차를 보이지 않는 것이 일반적이지만, 국가별로 서로 전력이 연결되어 있지 않은 지역간에는 가격 격차가 나타나고 있다.

유럽 전력시장은 OTC 거래로 시작되었으며, 첫 번째 거래소는 EU에 개설되었다. 거래소의 Clearing은 Nordpool, EEX, Powernext 등에서 처리되고 있다. 이후 많은 거래소들이 유럽에서 생겼으며, 〈표 11.1〉은 가장 중요한 거래소들을 표시한 것이다.

거래소에는 여러 국가들이 참여하고 있으며, EEX에는 19개국, APX에는 14개국, Nordpool(유럽에서 가장 오래된 전력 거래소)에는 20개국이 참여하고 있다. 또한 각각의 거래소들은 국제 전력 거래를 시작하면서 거래 규모는 더욱 성장하고 있다.

전력 현물과 파생상품시장

이미 앞서 언급한 바와 같이 전력은 비축이 불가능한 상품이다. 따라서 전력의 현물시장은 실제 현재에 거래되고 있는 소비에 대해서 거래하는 것이 아닌 다음날의 소비가 거래되는 것이다. 따라서 현물시장의 전력 가격은 다음날 24시간에 해당되는 전력의 가격이다. 예를 들어 금요일 현물시장의 가격은 토요일, 일요일, 월요일의 가격을 의미하며, 휴일 전날의 가격은 휴일 및 다음 영업일의 가격을 나타낸다.

그림 11.4 전력 현물경매, Mar 17, 2011

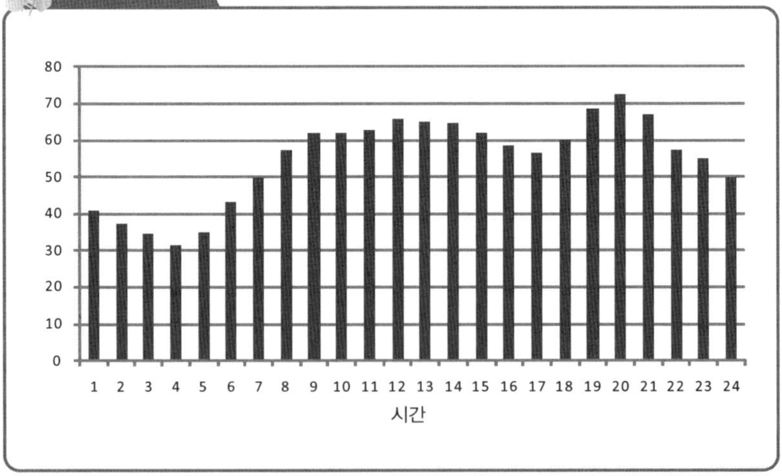

출처: EEX

현물시장의 유동성을 높이기 위해서, 두 개의 추가 상품이 거래 가능하다. 첫 번째 상품은 'Base Block'로 익일 거래일의 24시간을 모두 커버하는 상품이다. 두 번째 'Peak Block'은 수요가 높은 시간만 커버하는 거래다. 독일에서 Peak Time은 08:00~20:00, 네덜란드는 07:00~23:00이며, 토요일, 일요일 및 공휴일은 포함되지 않는다. Block 상품의 최고 거래단위는 5MW(=5,000,000W)로 전구 50,000와 유사한 전력 수치이다.

모든 시장은 마켓 참여자들이 거래소에 Bid Curve를 정해진 시간에 보내면 해당 Bid Curve의 데이터에 의해서 거래 가격이 정해지고, 이 가격이 Market Price가 된다.

위의 표에서 확인할 수 있듯이 Peak Time의 전력 수요가 일반 시간보다 높은 것을 확인할 수 있으며, 가장 수요가 높은 시간은 점심시간과 텔레비전 시청이 많은 저녁 시간인 것으로 확인된다. 불과 몇 년 전까지 점심 시간 때의 전력 수요가 가장 높았지만, 최근 많은 사업장들이 점심 시간에 전력 소모를 최소화하고 있으며, 가정의 전기제품도 증가하면서 오후 시간에 더 많은 전력 소비를 목격할 수 있다. 하지만 크리스마스 새해와 같은 특별한 성질을 보이는 날에는 〈그림 11.5〉와 같이 평소와는 다른 전력 소모량을 확인할 수 있다. 또한 기온의 급격한 변화 역시 전력 가격의 변동성을 크게 증가시키는 중요한 요인으로 꼽을 수 있다.

현물시장과 마찬가지로, 선물 시장에도 Base와 Peak 타임이 존재하며 선물 시장에 상장된 상품들은 월별, 분기별, 연 단위로 거래가 가능하다. 독일 EEX의 경우, 월별로는 향후 6개월, 분기

그림 11.5 전력 현물경매, Jan 01, 2011

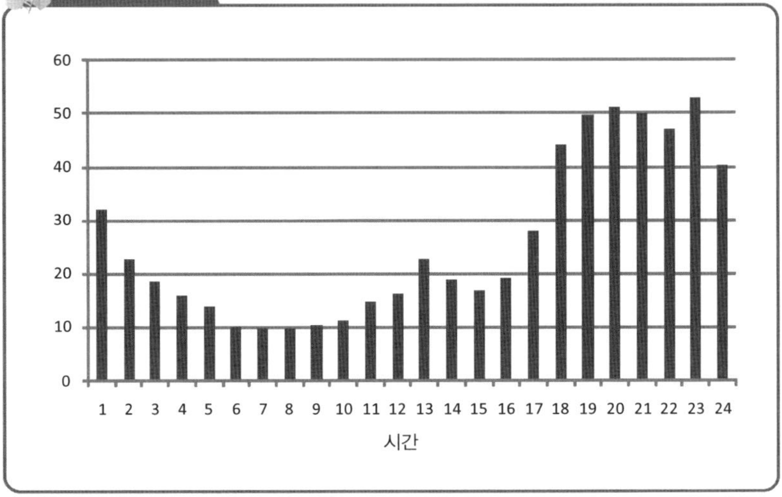

출처: EEX

별로는 향후 7분기, 연별로는 향후 6년 단위로 상품이 상장된다. 만기가 가장 가까운 상품이 거래량이 가장 활발하며, Peak보다는 Base의 거래량이 더욱 많다. 더 많은 거래량을 보일수록 Bid와 Ask의 Spread가 좁아지며 Benchmark 가격으로 사용되는 가격의 경우 평균적으로 €0.10/MWh의 Spread를 보인다.

유럽 대륙에서 사용되는 거래소 및 OTC Benchmark 가격은 다음 년도 가격이 기본적으로 사용된다. 2008년도 Base 상품을 예로 보면, 2008년은 윤년이므로 366일로 계산이 된다. 이것을 시간단위로 환산하면 366days×24hours/day=8.784hours로 나타난다. 따라서 Base의 대표적인 거래 사이즈는 25MW이므로 2008년 Base의 전력은 219,600(8.874 hours×25MW)이 된다. 3인

가구 기준 평균 전력 사용량은 3.5MWh이므로 연간 3인 가구의 전력 소비량은 60,000 이상이 된다. 또한 분기별로 제공되는 가격은 월별로 제공되는 가격과 정확히 일치하면서 시장에서 월별 및 분기별 가격간 차익거래 구간은 존재하지 않는다. 예를 들어 2007년 분기별 Base 가격은 각각 62.48, 49.61, 51.14, 58.18이며 시간은 2.160, 2.184, 2.208, 2.208이다. 위의 수치를 계산하면 2007년 분기별 가격의 합은 €55.33/MWh인 것을 확인할 수 있다. 이 수치는 실제 2007년 Base 가격인 €55.33/MWh와 같다.

다른 거래 예를 살펴보면, 2007년 base 가격은 €55.33/MWh 이며 이 가격의 계약 가치는 219,000MWh×€55.33/MWh= €12,117,270으로 €1,200만 유로를 조금 상회하는 수치이며 €0.1/MWh의 움직임은 계약상 €21,900이다.

모든 전력 소비자들은 24시간 동안 다른 소비량을 보이기 때문에 Base와 Peak 두 가지 가격만으로 수요를 커버하기에는 제한적이다. 따라서 전력시장의 OTC 거래가 활성화되고 있다.

미국 전력시장

미국 전력의 시초는 1882년 뉴욕에 위치한 Pearl Street의 전력 발전소 설립이다. 전기는 와트와 와트시로 측정되며 다른 상품과는 다르게 비축될 수 없는 상품이다. 전력시장은 생산, 송신, 분배 3가지로 나뉘어진다. 미국은 평균 33%의 열효율을 10,000 발전소에서 공급한다. 수명이 긴 발전소 특징의 영향으로(미국 발전소 평균 수명은 30년이다) 1960년대 이후 미국의 전기공급량은 크게 변화되지 않고 있다. 송신을 살펴보면, 미국은 275,000마일의 고압전기를 3개의 네트워크를 이용하여 전선에 송신하고 있다. 미국은 평균 5~7% 정도의 전력을 송신과정에서 잃고 있다. 고압전기를 저압전기로 변환하여 소비자에게 배달시키는 것을 공급으로 분류하고 있다. 1940년 미국의 총 에너지 중 10%가 전기로 인하여 생산되었으며 현재에는 약 40%의 비중을 차지하고 있다. 미국의 전기관련 공익사업은 미국의 연간 GDP의 약 2.5%에 해당되는 금액을 수익으로 나타낸다. 미국 전력에 대한 규제는 1979년 Three Mile Island 사고와 1970년대의 Clean Air Act 및 유가 상승 등의 영향에 따른 연료전지의 관심 증가 등의 이유로 시작되었다. 또한 전력가격의 왜곡 등의 일이 일어날 경우 산업에 미치는 막대한 영향으로 인해 미국의 전력규제는 강화되고 있다. 오늘날 미국은 3가지 종류의 설비를 운영하고 있다.

1) 정부소유 설비

이 설비는 지방 자치체, 주정부, 연방정부의 소유로 전기를 생산하여 소비자에게 판매한다.

2) 투자자 소유 설비(IOUs)

투자자들이 소유한 설비로 전력생산과 공급에 집중한다. 또한 미국전력의 약 75%가 IOUs의 소유로 이루어져 있다.

3) 협력설비

이 설비는 정부가 운영하는 곳으로 IOUs 전기공급이 이루어지지 않는 변두리 지역을 위한 설비이다. 이 설비들은 정부의 보조금으로 운영되며 세금감면의 혜택을 받는다.

오늘날 발전기는 크게 베이스 부하와 피크 부하 두 가지로 분류된다. 베이스 부하는 증기전달 방식을 사용하며 반드시 총생산력이 작동되어야 한다. 또한 가동 및 중단이 매우 힘들다. 한편 베이스 부하는 가스터빈을 사용하며 낮은 효율로 작동이 가능하지만 쉽게 가동 중단이 될 가능성을 지니고 있다.

Pennsylvania / New Jersey / Maryland(PJM) 전력 선물은 2003년 4월 11일 NYMEX에 상장되면서 거래가 시작되었다. 이 상품은 달러화로 고시되며 달러당, 메가와트시의 가치를 지니고 있다. PJM 상품은 세계 최대 전력시장으로 델라와, 일리노이스, 인디애나, 켄터키, 메릴랜드, 뉴저지, 오하이오, 펜실베니아, 테네시, 버지니아, 서부 버지니아, 워싱턴 D.C에 4400만 이상의 소비자를 두고 있다. PJM 안에 소속되어 있는 전력사들은 1,000대 이상의 발전기를 보유하고 있으며 137,000메가와트의 공급력을 지니고 있다(석탄, 천연가스, 원유, 핵, 하이브리드 포함). 또한 이 발전소들 및 공급 네트워크는 중서부, 뉴욕 주, 중부아틀란틱 주와도 연결되어 있다.

전력가격 결정요인

전력의 가격은 에너지 한 상품의 가격에 의해서 결정되는 것은 아니다. 만약 석탄의 가격이 상승해도 전력이 가격이 무조건

그림 11.6 전력 현물 가격

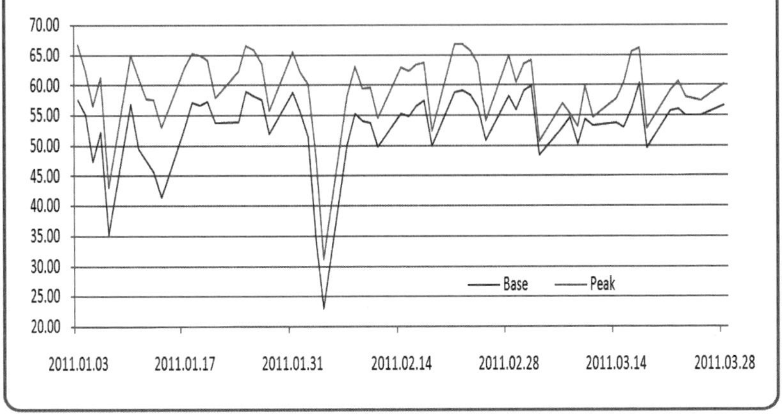

출처: EEX

동반 상승하는 것은 아니다. 따라서 전력 가격에 가장 영향력이 높은 것은 경제 성장으로 볼 수 있다. 경제 성장은 에너지 소비의 증가로 반드시 이어진다. 지난 2008년 서브프라임 당시 경기 둔화와 함께 전력 소모량 역시 크게 감소하는 것을 확인할 수 있었다. 이렇듯 경제 성장률은 전력의 수요와 직결되어 있는 아주 중요한 요인이다.

경제 성장률 외에도 계절성(Seasonality) 역시 전력 가격에 영향력을 준다. 유럽은 평균적으로 겨울이 여름보다 전력 수요가 높으며, 전력 소비가 거의 없는 새벽 시간의 가격이 더 낮은 것을 확인할 수 있다. 유럽과 다르게 미국에서는 에어컨의 소비량으로 인하여 겨울보다 여름의 전력 소비량이 더 높다. 선물의 경우 월별 계약과 분기별 계약은 계절성(Seasonality)에 영향을 받지만, 연간 계약은 영향을 받지 않는다.

주간 단위로 보면 휴일에는 대부분의 산업시설 및 회사들이 가동을 하지 않으면서, 주말과 휴일에 더 낮은 가격을 나타낸다.

날씨 역시 전력시장의 수요자와 공급자에게 모두 중요한 요인이며, 강수량이 가장 높은 영향력을 미친다. 강수량은 수력발전에 막대한 영향을 주며, 최근에는 풍력 역시 유럽에서 발전하면서 일기예보가 전력 가격에 큰 역할을 차지하고 있다.

화석 연료들 역시 전력 가격에 영향을 주며, 석탄, 가스, 우라늄이 가장 높은 연관성을 보인다. 우라늄의 경우, 우라늄 가격이 직접적으로 많은 영향을 주진 않지만, 핵연료와 연동되어 전력 가격에 연관성을 보여주고 있다. 석탄과 가스의 경우, 현재 전 세계적으로 두 상품이 전력에 가장 많이 사용되면서 두 가격의 가격 움직임은 전력의 가격과 상관관계를 보이면서 화석 연료 중 가장 비중이 높은 연료들로 자리잡고 있다.

화석연료와 미국 전력생산

미국에서 발전에 가장 흔히 사용되는 연료는 석탄이다. 2009년 기준 미국 총 전력의 약 45%에 해당되는 4조킬로와트시의 전력이 석탄을 사용해서 만들어졌다. 석탄에 이어서 천연가스가 많이 사용되었으며, 천연가스는 대부분 전력의 수요가 급격히 증가하는 시점에 사용된다. 2009년 기준 천연가스는 미국 총 전력의 약 23% 비중을 차지하였다. 석유의 경우 총 전력량의 약 1%의 비중을 보이면서 석탄과 천연가스와 비교하여 전력시장에

그림 11.7 미국 연료별 발전 비중(2009)

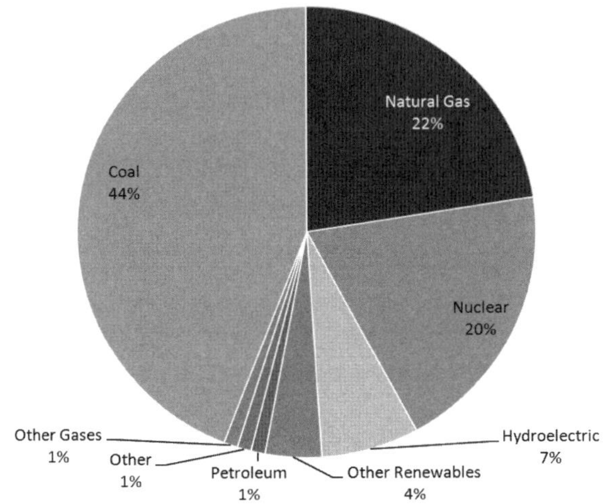

출처: EIA

서는 낮은 소비량을 기록하고 있다.

전력 유통구조

전기는 최초 발전소에서 만들어져 전송 선로를 통하여 변전소로 이동된다. 미국에서는 "Grid"라 불리는 고전압 전송 선로가 160,000마일의 네트워크 규모로 설치되어 있으며 지역 내에서는 저전압의 전송 선로를 이용하여 변전소에서 소비자에게 유통되고 있다.

그림 11.8 전력의 유통과정 모형

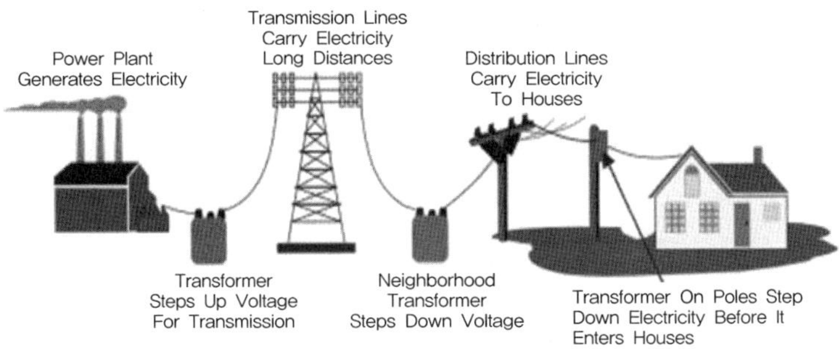

출처: National Energy Education Development Project(Public Domain)

전력가격

중국과 인도를 포함한 아시아의 성장에 힘입어 글로벌 전기 수요는 2030년까지 꾸준한 증가를 보일 것으로 전망되고 있다. 경제 성장에 따른 수요 증가 외에도 아래의 요인들이 전력 가격에 중요한 영향을 주는 요인으로 꼽히고 있다.

- 연 료 : 석탄과 천연가스의 가격
- 발전소 : 건설비용과 유지 비용이 고려됨
- 송신기, 전선 : 전기 공급의 유통 비용
- 기 후 : 강우량, 고온 및 저온 등이 가격에 영향을 줌
- 법 규 : 몇몇 주들은 Public Service Commission에 의해서 가격이 규제되고 있음.

그림 11.9 **업종별 월간 전력 평균가격**(Cents per Kilowatthour)

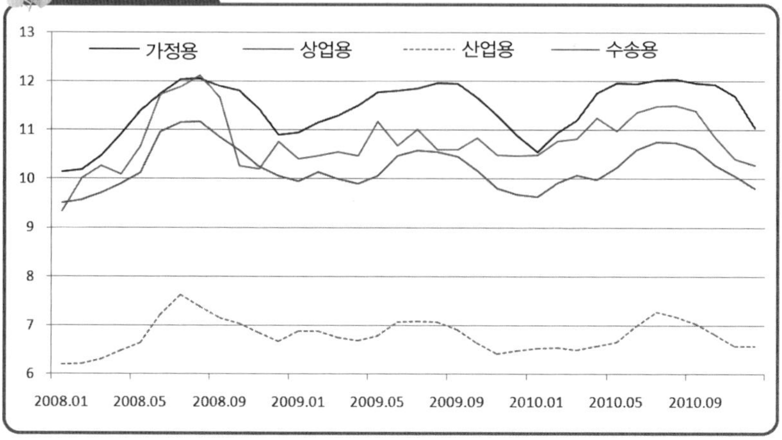

출처: EIA

일반적으로 주택과 상업지구의 전기 가격이 가장 높게 측정된다. 그 이유는 유통 과정이 가장 길기 때문이다. 실질적으로 전력의 가격은 매 분마다 변화되고 있으며, 대부분의 소비자들이 지불하는 가격은 시기별로 다른 전력가격이 이용된다. 전력 가격의 변화는 대부분 공급 및 수요량, 연료 가격, 발전소의 생산력 등에 의해서 시시각각 변화한다. 일반적으로 에어컨의 사용량에 의해서 여름철에 더 높은 가격대를 보이고 있다.

2008년도 미국의 평균 소매 전력 가격은 9.74cent/kWh로, 평균 소비자 가격은 아래와 같다.

- 주택지역 : 11.3₵ per kWh
- 운 송 : 10.7₵ per kWh

그림 11.10 **미국 전력 공급가격 구조**(Cents per KWh and Share of Total)

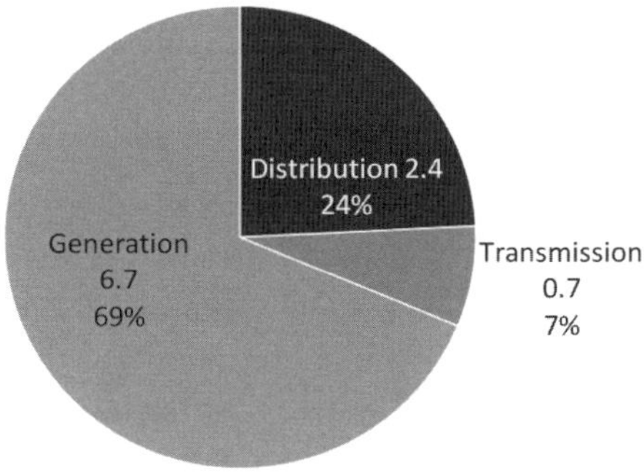

출처: EIA

- 상 업 : 10.4₵ per kWh
- 산 업 : 6.8₵ per kWh

주 별로 전기 가격을 살펴보면, 하와이가 가장 높은 가격대를 보이고 있는데 그 이유는 대부분의 하와이 주 전력은 연료유를 사용하기 때문이다. 또한 가장 낮은 가격대를 보이는 아이다호 주는 수력발전을 많이 이용하기 때문이다.

- 전력 단가가 가장 높은 3개 주

1. 하와이(29.20₵ per kWh)
2. 코네티컷(16.95₵ per kWh)
3. 뉴욕(16.74₵ per kWh)

• 전력 단가가 가장 낮은 3개 주

1. 웨스트버지니아(5.59¢ per kWh)
2. 와이오밍(5.68¢ per kWh)
3. 아이다호(5.70¢ per kWh)

전기 자체는 친환경적이고 사용하기 안전한 에너지 형태이지만, 전기를 생성시키기까지의 과정 및 유통과정에서 환경적 문제를 지니고 있다. 특히 미국의 대기오염 방지법(Clean Air Act)은 발전소들의 탄소 배출을 규제하고 있다. Environmental Protection Agency(EPA)는 Acid Rain Program 등을 통해서 발전소들의 탄소 배출량을 규격화하고 있으며, 실질적으로 미국의 탄소 배출을 크게 감소시키고 있는 것으로 나타나고 있다.

전력생산과 탄소 배출량

미국에서 전력에 사용되는 화석 연료(석탄, 천연가스, 원유 등)는 이산화탄소(CO_2), 일산화탄소(CO), 이산화황(SO_2), 산화질소(NOX), 입자상 물질(PM), 수은 등이 검출된다. 위와 같은 물질들은 환경 및 인체에 아래와 같은 악영향을 준다.

- 이산화탄소는 온실가스로 지구온난화에 직접적인 영향을 미친다.
- 이산화황은 산성비를 일으킨다.

- 산화질소는 오존층을 파괴하며 폐에 해롭다.
- 입자상 물질은 대기 중에 존재하면서 노약자의 건강을 위협한다.
- 수은은 중독을 일으킨다.

발전소들은 발전소의 형태에 따라서 탄소 배출이 규격화되어 있다.

- 석탄을 사용하는 발전소는 반드시 황의 비율이 낮은 석탄을 사용해야 한다.
- 입자상 물질은 집진장치, 전기집진기, 흡식세정기를 이용하여 배출되어야 된다.
- 이산화황은 흡수세정기와 건식세정기를 이용하여 제어되며, 유동층을 이용하기도 한다.

핵발전소는 온실 가스나 탄소를 배출하지 않지만, 방사능 물질의 오염을 일으킨다.

- 저준위 방사는 폐기물 : 작업장에서 방출되는 의류, 집기, 기구 등 물체들을 통해서 방사능 물질이 오염될 수 있다.
- 사용후핵연료 : 사용후핵연료는 방사능 수치가 매우 높은 위험한 것으로, 반드시 분리되어 처리되어야 한다.

12

탄소배출권시장

CO_2는 이산화탄소 및 대기에 의한 가스로 구성된 한 개의 탄소와 두 개의 산소 원자로 만들어진 분자이다. CO_2는 17세기경 공기와 별개의 물질로 목탄을 태울 경우 생성되는 연소로 화학자 Jan Baptist Van Helmont에 의해서 처음 발견되었다. CO_2는 온실가스(GHGs)의 일종으로 지구의 대기 안에서 태양열 에너지의 작용으로 생성되는 효과를 지니고 있다. 오늘날 국제과학학회는 지난 250년간 산업의 발전으로 증가되는 온실가스를 우려하고 있다. 이러한 온실가스는 오존

층 파괴의 주된 원인을 일으키면서 매년 세계환경을 위협하고 있다.

온실가스의 증가로 인하여 1850년부터 2000년 동안 연평균 0.6℃로 온도가 상승하고 있다. 온실가스가 국제적인 환경문제로 인식되면서 1988년 UN은 The International Panel on Climate Change(IPCC)라는 조직을 구성하게 되었다.

IPCC와 UNFCCC(the United Nations Framework Convention on Climate Change)는 온실가스의 배출량을 감소시킬 것을 추천하였다. UNFCCC는 위의 입장을 고수하여 온실가스를 여섯 종류로 분류하였으며, 1997년 교토 협정을 통하여 국가별 온실가스 배출량을 2008년에서 2012년까지 평균 5% 수준으로 감소시킬 것으로 정하였다. 여섯 종류의 가스는 Global Warning Potential (GWP)의 기준에 의해서 이산화탄소의 양이 측정되며 이 결과로 종류가 분류된다. 종류별로 분리된 탄소배출권은 각 국가마다 할당량이 설정되며 이 할당량의 거래를 통해서 탄소배출권 거래가 성사되는 것이다. 예를 들어서 탄소생성이 많은 국가에서 탄소 배출을 많이 하는 회사들이 같은 국가 내, 혹은 탄소 배출이 적은 국가의 회사들과 할당량을 사고 파는 것이다. 교토의 협정에 의하면 4개의 주요 품목이 거래가 가능한 것으로 지정되었다. Assigned Amount Units(AAUs), Certified Emissions Reductions (CERs), Emissions Reductions Units(ERUs), Removal Units(RMUs)로 나타난다. 위의 교토 협정 외에도 유럽은 이미 2005년 European trading sheme for CO_2 emissions(the ETS)를 통하여 유럽지역의 할당량을 거래하고 있다. 유럽지역 할당량은 유럽의 거래소(Powernext, EEX, Nordpool) 및 OTC를 통하여 거래되고 있으며 탄소배출권은 톤당 1유로로 표기된다.

교토의정서[1)]

교토의정서(Kyoto Protocol)는 지구 온난화의 규제 및 방지를 위한 국제 협약인 기후변화협약(Convention on Climate Change)에 근거하여, 1997년 12월 11일에 일본 교토시의 국립교토국제회관에서 열린 지구 온난화 방지 교토 회의(제3차 당사국총회 - 제3회 기후 변동 범위 조약 체결국 회의, COP3)에서 의결한 의정서이다. 정식명칭은, '기후 변화에 관한 국제연합 조약의 교토의정서(Kyoto Protocol to the United Nations Framework Convention on Climate Change)'이다.

'기후변화협약'은 전 세계 국가들이 지구기후변화 방지를 위해 노력하겠다는 것이었고, 이를 구체적으로 이행하기 위하여 누가, 얼마만큼, 어떻게 줄이는가에 대한 문제를 결정한 것이 '교토의정서'라고 할 수 있다. 교토의정서는 1998년 3월 16일부터 1999년 3월 15일까지 뉴욕의 유엔본부에서 서명을 받아 채택되었고, 그 이후 각 협약 당사국들은 의정서가 발효될 수 있도록 자국의 비준을 위해 노력해왔다. 그러나 2001년 3월 온실가스 최대배출국(전 세계 이산화탄소 배출량의 28%)인 미국이 의정서가 자국의 경제에 심각한 피해를 줄 수 있고 중국, 인도 등 개발도

1) 시장경제연구원(2007.12)

〈표 12.1〉 부속서 국가 구분

부속서 국가	부속서 I (Annex I)	OECD 국가 24개국, 동구권국가 11개국 '90년 수준으로 온실가스 배출량 안정화 노력
	부속서 II (Annex II)	OECD 국가 24개국 개도국에 대한 재정 · 기술지원 제공
비부속서 국가	개발도상국	
자발적 의무부담	어느 국가든 자발적으로 Annex I 국가로 편입 가능	

상국들이 의무감축대상에서 제외되어 있다는 이유를 내세워 교토의정서 비준을 거부하고 탈퇴하면서, 교토의정서는 그 실효성에 큰 타격을 입게 되었다. 그러나 EU와 일본 등이 중심이 되어 협상을 지속하였고 마침내 2004년 11월 러시아가 비준서를 제출함에 따라 교토의정서의 발효조건이 충족되어 정해진 규정(의정서 25조)에 의해 2005년 2월 16일 공식 발효되었다.

교토의정서는 28개조와 부속서(Annex)로 이루어져 있으며 나라별로 배출할 수 있는 양이 정해져 있다. 배출량을 줄이지 않는 국가에 대해서는 비관세 장벽을 적용하게 된다. 감축대상 온실가스는 이산화탄소(CO_2), 메탄(CH_4), 아산화질소(N_2O), 불화탄소(PFCs), 수소화불화탄소(HFCs), 불화유황(SF_6) 등의 6가지이다. 당사국은 온실가스 감축을 위한 정책과 조치를 취해야 하며, 그 분야는 에너지효율향상, 온실가스의 흡수원 및 저장원 보호, 신 · 재생에너지 개발 · 연구 등도 포함된다.

의무이행 당사국의 감축 이행 시 신축성을 허용하기 위하여 배출권거래(Emission Trading), 공동이행(Joint Implementation), 청정개발체제(Clean Development Mechanism) 등의 제도를 도입하였으

〈표 12.2〉 교토의정서 부속서 국가들의 감축 목표량[2]

국 가	목표량
EU-15,[3] 불가리아, 체코, 에스토니아, 라트비아, 리히텐슈타인, 리투아니아, 모나코, 루마니아, 슬로바키아, 슬로베니아, 스위스	-8%
미국	-7%
캐나다, 헝가리, 일본, 폴란드	-6%
크로아티아	-5%
뉴질랜드, 러시아, 우크라이나	0
노르웨이	+1%
오스트레일리아	+8%
아이슬란드	+10%

*1990년~2008년/2012년

며, 1998년 11월 부에노스아이레스에서 개최된 제4차 당사국총회에서는 신축적인 제도운용과 관련한 작업을 2000년까지 완료한다는 부에노스아이레스 행동계획(Buenos Aires Plan of Action)이 채택되었다.

1차 의무이행 대상국은 오스트레일리아, 캐나다, 미국, 일본, 유럽연합(EU) 회원국 등 총 38개국[4]이며 각국은 구속력 있는 온실가스 배출 감축목표(quantified emission limitation & reduction

2) http://unfccc.int/kyoto_protocol/background/items/3145.php. 국가 상황에 따라 기준년도(1990년)가 다를 수 있다. 미국은 교토의정서 비준을 거부하였다

3) 벨기에, 덴마크, 독일, 그리스, 스페인, 프랑스, 아일랜드, 이탈리아, 룩셈부르크, 네덜란드, 오스트리아, 포르투갈, 핀란드, 스웨덴, 영국 / EU 15개국은 당사국간 재분배 가능

4) 온실가스 의무감축 대상국은 현재 미국 · 호주의 탈퇴와 EU를 1개국으로 한 36개국이다

objects: QELROs)를 설정하고, 5년 단위의 공약기간을 정해 2008~2012년 사이에 온실가스 총배출량을 1990년 수준보다 평균 5.2%까지 감축할 것을 규정하고 있다. 각국의 감축 목표량은 −8~+10%로 국별로 차별화하였고 1990년 이후의 토지 이용변화와 산림에 의한 온실가스 제거를 의무이행 당사국의 감축량에 포함하도록 하였다. EU는 −8%, 미국은 −7%, 일본은 −6%, 캐나다는 −6% 등으로 감축목표가 규정되었으며, OECD 회원국들은 1990년 대비 5% 이상의 온실가스를 감축하도록 하였다.

교토메커니즘

교토의정서의 기본원칙에 입각하여 온실가스 감축의무를 지닌 국가가 온실가스를 감축하는 데 따른 경제적 비용을 최소화하기 위해 도입된 시장 메커니즘이 바로 교토메커니즘이다. 온실가스를 상품으로 거래하며, 3가지 제도(ET, CDM, JI)가 중심이 된다는 것이 주요 내용이다. 각각의 제도는 다음과 같다.

① 배출권거래제(ET: Emission Trading – 교토의정서 17조)

이 조항은 온실가스 감축의무 보유국가가 의무감축량을 초과하여 달성하였을 경우 이 초과분을 다른 부속서 국가와 거래할 수 있도록 허용한 것이다. 이와 반대로 의무를 달성하지 못한 국가는 부족분을 다른 부속서 B국가로부터 구입할 수 있다. 이것은 온실가스 감축량도 시장의 상품처럼 서로 사고 팔 수 있도록 허용한 것이라고 할 수 있는데, 이 제도가 시행될 경우 각국은 최대한으로 배출량을 줄여 배출권 판매수익을 거두거나, 배출량을 줄이는 데 비용이 많이 드는 국가는 상대적으로 저렴한 배출권을 구입하여 감축비용을 줄일 수 있으므로 전체적으로는 감축비용을 최소화할 수 있게 된다. 이러한 배출권 유형을 AAU(Assigned Amount Unit)라고 한다.

② 공동이행제도(JI: Joint Implementation – 교토의정서 6조)

부속서 I 국가들 사이에 온실가스를 감축하는 사업을 공동으로 수행하는 것을 인정하는 것으로 한 국가가 다른 국가에 투자하여 감축한 온실가스 감축량의 일부분을 투자국의 감축실적으로 인정하는 제도이다. 특히 EU는 동부유럽국가와 공동이행을 추진하기 위하여 활발히 움직이고 있다. 이러한 배출권 유형을 ERU(Emission Reduction Unit)라고 한다.

③ 청정개발체제(CDM: Clean Development Mechanism – 교토의정서 12조)

부속서 I 국가가 비부속서 I 국가에서 감축사업 수행 달성 실적 일부를 부속서 I 국가의 감축량으로 허용하는 것이다. CDM 집행위원회(Executive Board)가 구성된 이래, 세부적인 사업 추진 절차가 마련되어, 2005년 1월 현재 1개의 대규모 매립지가스 자원화사업과 1개의 소규모 수력 발전 사업이 CDM집행위원회에 등록되어 있으며 19개의 베이스라인 및 모니터링 방법론이 집행위원회로부터 승인을 받은 상태다. 청정개발체제는 공동이행제도와는 달리 1차 의무기간(2008~2012년) 이전의 조기감축활동

(Early Action)을 인정하는데 2000~2007년에 발생한 CERs(Certified Emission Reduction)를 소급하여 인정한다. 이러한 배출권 유형을 CER(Certified Emission Reduction)이라고 한다.

마라케쉬 합의문(Marrakesh Accords)에 따르면 배출권거래제에 참여하기 위해서는 부속서 I 국가이며, 교토의정서 비준당사국이어야 한다. 또한 거래제 참여에 앞서 3가지 요소의 승인을 받아야 하는데, 이 3가지는 국가배출량을 계산할 수 있는 국가인벤토리(National Inventory), 크레딧의 보유와 이전 등을 기록할 수 있는 국가레지스트리(National Registry), 이를 총괄하는 법, 제도, 절차인 국가시스템(National System)이다.

따라서 현재 의무이행국이 아닌 우리나라에서 도입 가능한 제도는 CDM방식밖에 없으며 실제로 국내의 온실가스 배출권 관련사업들은 이를 기반으로 이루어지고 있다.

탄소배출권 시장 현황

교토의정서에 따르면 의무 당사국들은 1990년 배출량을 기준으로 2008년에서 2012년까지 이산화탄소 배출량을 평균 5% 수준으로 줄여야 한다. 따라서 해당국가의 에너지 다소비업체들이 배출규제를 받게 된다. 석유화학이나 발전소 등 이산화탄소 배출량이 많은 기업들은 이산화탄소 배출 자체를 줄이거나 탄소배출권을 확보한 기업으로부터 이 권리를 사야 한다.

탄소배출권의 종류

탄소배출권은 크게 교토의정서의 감축의무국의 국가할당량을 나타내는 AAUs, EU ETS(유럽연합 배출권거래체제)에서 정한 할당량을 나타내는 EUAs, CDM(청정개발체제)을 통한 온실가스 감축량인 CERs, 공동이행제도(JI)를 통한 온실가스 감축량인 ERUs, 그리고 교토의정서의 감축의무국의 조림사업을 통한 온실가스 흡수량을 나타내는 RMUs로 나뉜다.

〈표 12.3〉 탄소배출권의 종류

배출권 종류	발행 근거	2008~2012년 한도	Banking 한도
AAUs (Assigned amount units)	교토의정서 Annex B 국가의 할당량	한도 없음	한도 없음
EUAs (EU allowance units)	EU-ETS 제도하의 할당량	한도 없음 1차이행기간 : 05~07년	이월 불가능
CERs (Certified Emission Reductions)	CDM을 통한 credit	흡수원사업에 따른 CER은 구매국 할당량의 1%	구매국 할당량의 2.5%
ERUs (Emission Reduction Units)	JI사업을 통한 credit	한도 없음	구매국 할당량의 2.5%
RMUs (Removal Units)	Annex B국가 LULUCF 사업을 통한 credit	국내 발행가능하나 최대발행량은 국가별 제한	이월 불가능

교토의정서의 부속서 I 국가는 교토의정서에 따라 온실가스를 거래할 수 있는데 이러한 거래는 교토메커니즘을 통해 수행될 수 있다. 교토메커니즘은 ① 배출권 거래(ET: Emissions Trading), ② 공동이행제도(JI: Joint Implementation), ③ 청정개발체제(CDM: Clean Development Mechanism)로 3가지로 구분될 수 있다.

배출권 거래(ET)에서 부속서 I 국가는 다른 부속서 I 국가와 배출권 거래를 할 수 있는데, 부속서 I 국가는 국내(Domestic) 또는 지역(Regional) 시스템에서 배출권 거래를 할 수 있고, 모든 거래를 통한 배출권의 이전(Transfer)은 교토의정서 규칙에 의해 수행되어야 한다. 유럽의 배출권 거래 시스템(ETS: Emission Trading Scheme)은 교토의정서하에서 작동하는 대표적인 지역 거래 시스템의 사례라고 할 수 있다.

공동이행제도(JI)는 부속서 I 국가들 사이에 온실가스 감축사업을 공동 수행하는 것을 인정하여 배출감소에 대한 크레딧(Credit)을 받거나 동 프로젝트에서 제거(Removals)를 받을 수 있는 제도이다. 공동이행제도와 연관된 배출권 단위는 ERU(Emission Reduction Unit)라고 한다. 청정개발체제(CDM)는 공동이행제도와 더불어 프로젝트 메커니즘(Project-Based Mechanism)으로 분류되고 부속서 I 국가는 비부속서 I 국가에서의 온실가스 감축 프로젝트로부터 배출 크레딧(Credit)을 부여받을 수 있다. 부속서 I 국가는 비부속서 I 국가에서 감축사업 수행 실적 일부를 부속서 I 국가의 감축량으로 인정받을 수 있는데 청정개발체제 프로젝트는 CER(Certified Emisson Reductions), tCER(Temporary Certified Emission Reductions), lCER(Long-term Certified Emission Reductions) 세 가지 교토의정서 단위로 표기된다.

청정개발체제(CDM)

청정개발체제 사업(CDM: Clean Development Mechanism)은 교토의정서 12조에 규정된 것으로 선진국인 A국이 개발도상국 B국에 투자하여 발생한 온실가스 배출 감축분을 자국의 감축 실적에 반영할 수 있도록 함으로써 선진국은 비용 효과적으로 온실가스를 저감하는 반면 개도국은 기술적 · 경제적 지원을 얻는

〈표 12.4〉 CDM 사업류

구분	분 야
1	에너지 산업(Energy Industries(Renewable/Non-Renewable Sources))
2	에너지 공급(Energy Distribution)
3	에너지 수요(Energy Demand)
4	제조업(Manufacturing Industries)
5	화학산업(Chemical Industries)
6	건설(Construction)
7	수송(Transport)
8	광업/광물(Mining/Mineral Production)
9	금속공업(Metal Production)
10	연료로부터의 탈루성 배출(Fugitive Emission from Fuels(Solid, Oil and Gas))
11	할로겐화 탄소, 6불화황 생산/소비(Fugitive Emission from Production and Consumption of Halocarbons and Sulphur Hexafluoride)
12	용제사용(Solvents Use)
13	폐기물 취급 및 처리(Waste Handling and Disposal)
14	조림 및 재조림(Afforestation and Reforestation)
15	농업(Agriculture)

〈표 12.5〉 CDM 사업 가능 부문 사례

부 문	사 례
산업에너지효율	철강 · 제지 산업 등에서의 공정개선, 연료전환, 빌딩 에너지 절약
신재생에너지	바이오매스에너지, 풍력발전, 태양열 시스템 등
수송	바이오디젤, CNG(압축천연가스)자동차 등
전력생산	배전망 개선, 열병합 발전, 청정석탄 및 가스복합화력
조림	신규조림 및 재조림

제도이다.

온실가스 감축사업 시행 전 · 후를 비교하여 추가적인 온실가스 감축 및 환경적 이익이 발생하면서 개도국의 지속가능 발전에 기여할 때 사업으로 승인하고 있다.

CDM 사업 추진체계

① 청정개발체제(CDM) 사업에 대한 승인 : 사업을 실시하려는 사업자는 투자국과 사업유치국간 사업실시에 대한 서면 승인을 얻고, 동 승인서를 운영기관(Operating Entity)에 제출하여 사업의 인가(타당성) 절차에 활용

② 운영기관의 선정 : 사업시행자는 사업제안서를 제출하여 사업인가(Validation)를 얻기 위한 운영기관을 선정

③ 의견수렴 및 환경영향평가 실시 : 사업시행자는 선정된 운영기관에 제출하는 사업제안서에 사업대상지역 이해관계자(Local Stakeholder)로부터 의견 수렴할 내용을 포함시키고 이를 시행.

또한 사업제안서에는 당해 프로젝트의 실시 시점 및 그 주변 지역에의 환경영향분석 내용을 담는 것이 필요하며, 환경에 영향이 크다고 판단되는 경우 환경영향평가를 실시

④ 사업제안서 제출 : 사업시행자는 사업개요, 베이스라인, 감축량 산정기간, 모니터링 계획 등 사업과 관련된 모든 자료가 포함된 사업제안서를 선정된 운영기관에 제출

⑤ 운영기관의 타당성 심사 : 선정된 운영기관은 사업시행자에 의하여 제출된 서류를 제반규정 및 기술적인 검토를 통하여 타당성(인가)을 심사

⑥ CDM 집행이사회에 의한 등록 : 사업제안서의 인가심사를 결정하면 지정된 운영기관은 인가된 사업을 CDM 집행이사회에 제출하여 등록

⑦ 사업시행자에 의한 모니터링 : 집행이사회에 의해 등록된 사업은 사업수행이 가능하며 배출권(CERs) 산정을 위한 모니터링 작업을 수행

⑧ 운영기관에 의한 검증 : 선정된 운영기관은 사업시행자의 모니터링 결과를 사후 보고받으며 이의 확인을 위한 현장검사 등의 검증절차를 거침

⑨ 운영기관에 의한 인증 : 운영기관은 검증을 통하여 배출권(CERs)을 인증하고 이의 결과를 사업시행자, 관계국 정부, CDM 집행이사회에 서면으로 인증보고서를 통지하고 공표

⑩ CDM 집행이사회에 의한 CER의 발행 : 지정된 운영기관으로부터 제출된 인증보고서를 최종 검토하고 배출권(CERs)을 발행

탄소배출권 가격결정요인

다른 시장과 마찬가지로 탄소배출권의 가격은 수급에 의해 결정된다. 우선, 공급 측면은 탄소 배출에 대한 규모이고, 수요 측면은 이산화탄소를 배출하는 기업이 된다. 일반적으로 배출권의 가격에 영향을 미치는 주요 변수로는 1) 회원국의 NAP(National Allocation Plan) 규모, 2) 연료의 가격, 3) 경제 성장, 4) 계절 및 기후적 요인 등에 의해서 결정될 것이나, 보다 장기적인 관점에서는 지구온난화로 인한 기후변화의 심각성에 대한 인식의 확산과 이를 근거로 하는 정책적 선택에 좌우된다고 할 수 있다.

1) 회원국 NAP 규모

2005년 초, 영국과 폴란드의 국가할당계획(NAP) 결정처럼 각국의 환경정책 강도 및 국가할당계획에 따라 탄소배출권의 가격에 영향을 미치게 된다. 회원국들은 국가할당계획에 따라 국가별로 이산화탄소 감축 규모를 결정짓고, 이를 에너지 집중 산업(철강 산업, 건축재, 펄프 등) 및 전력 산업에 배분하게 된다. 만일 국가할당계획에 따른 이산화탄소 감축 규모가 커지게 된다면, 탄소배출권에 대한 수요 증가가 예상되어 배출권 가격이 상승하게 된다.

총량제한방식(Cap-and-Trade)에 의한 의무할당 배출권의 가격은 기준인정방식(Baseline-and-Credit)에 의한 프로젝트 배출권의 가격보다 높은 수준에서 결정되고, 자발적 시장의 배출권 가격은 제일 낮은 수준에서 형성된다. 이러한 가격수준의 차이는 배출권에 대한 Credit 위험을 반영한 결과이다.

EUA가격은 EU지역 내에서 의무감축기준에 근거해서 거래되는 배출권으로 의무감축 목표수준을 지키지 못할 경우엔 100유로의 벌금이 부과되는 만큼 인수도에서는 양질의 배출권이다. 반면 CER은 CDM사업을 통해 획득하게 되는 배출권으로 CDM사업의 단계별 가격형성과 함께 장기적인 프로젝트인 관계로 위험노출 기간이 상대적으로 길다. 따라서 CER의 가격은 EUA가격 대비 80~90% 선에서 결정되며 ECX시장에서 호가되고 있는 CER의 가격은 CDM사업에서 단계별로 거래되는 장외 CER가격의 기준이 된다.

2) 화석연료 가격

원유와 천연가스 등 대체연료의 상대가격이 배출권 가격에 영향을 미친다. 유가가 상승하게 되면, 저렴한 대체연료인 유연탄의 소비를 선호하게 되고, 이는 배출량증가를 초래하여 배출권에 대한 수요가 더 증가하게 된다. 예를 들어, 배출권 가격은 전력가격과 가스가격이 하락하면 같이 하락하는 경향이 있는데, 지난 2006년 3월 초에 ECX와 Nordpool에서 배출권 가격이 하락한 이유 역시 독일의 전력가격 하락, 영국의 천연가스 가격 하락이었다.

가스와 석탄을 이용해서 전력을 생산할 경우 발생하는 이산화탄소의 가격조정으로 가스와 석탄의 가격을 변화시키는 전력 가격수준을 조정하게 된다. 예를 들어 석탄가격이 가스가격보다 저렴할 경우 석탄의 사용증가는 이산화탄소의 배출로 이어지면서 석탄가격은 가스가격 수준으로 상승압력을 받게 된다.

3) 경제성장과 경기 사이클

탄소 배출은 대부분 에너지 소비에서 비롯된 산업경제활동과 밀접한 관련을 맺고 있어 경제성장률을 포함한 거시경제 지표가 배출권의 가격 형성에 영향을 미칠 수 있다. 산업생산 및 경제성장률이 증가하면, 에너지소비 증가를 수반한 배출권 수요증가가 예상되고 배출권의 가격은 상승하게 된다. 에너지 소비의 원단위가 상대적으로 낮은 국가일지라도 경제성장률의 증가는 에너지 소비의 증가를 수반하기 때문에 배출권 가격의 상승을 유발할 수 있다.

경기침체기에는 기업활동의 저조와 함께 에너지 소비량의 급감으로 탄소가격은 하락하게 된다. 경기회복은 세계의 공장으로 일컬어지고 있는 중국의 생산가동률 증가로 이어지면서 탄소가격의 상승을 이끈다.

펀더멘탈과 관련하여 주식, 채권, 외환, 원자재시장은 헤지펀드들의 수익확보를 위해 타켓팅이 된다. 특히 안전자산 선호중심의 순환매성 자금흐름은 해당 시장의 강세와 약세를 결정짓는 매우 중요한 요인이다. 글로벌 헤지펀드는 레버리지 극대화와 무위험 차익거래를 중심으로 운용되는데 단기적인 관점에서 볼 때 헤지펀드는 각시장에 대해 Price-Maker로서의 역할도 수행함을 주목해야 한다.

4) 계절 및 기후적 요인

계절적 변동으로 전력 수요가 달라지고, 기상 및 기후조건에 따라 에너지 소비가 달라져 배출권 가격에 영향을 준다. 동절기 한파에는 에너지 소비 증가로 유가가 상승하고 유연탄 발전에 의한 전력 수요 증가로 배출권의 구매가 증가하게 된다. 오존층의 파괴로 인해 기후변화가 날로 심각해지고 있다. 여름철 폭염과 겨울철 혹한은 냉방과 난방으로 이어지면서 전기에 대한 수요를 급증시키고, 유럽국가는 원자력발전보다는 수력발전과 화력발전에 대한 의존도가 상대적으로 크므로 이 또한 전기수요를 급증시키는 요인이 된다.

따라서 전력수요의 증가는 화석연료의 수요증가로 이어지고, 이로 인한 탄소발생의 증가는 배출권의 수요로 이어지면서 탄소배출권의 가격상승을 초래하게 된다. 또한 태풍으로 인한 석유 시추시설 및 정제시설의 파괴는 석유수급의 불안요인으로 이는 곧바로 석유 가격상승과 탄소배출권의 가격상승 압력이 된다.

탄소배출권 거래 메커니즘[5)]

교토의정서에 따른 회계시스템은 각 부속서 I 국가들이 배출권 거래를 위해 국가적 차원의 레지스트리(Registry)[6)] 및 인벤토

---

5) 시장경제연구원(2007.12)

6) Registry는 공개적으로 접근 가능하고 표준화되어 있으며 안정성이 높은 전자 데이터베이스 시스템으로 배출권의 소유권을 기록하고 거래를 통한 배출권 소유권을 기록

리(Inventory)를 갖추도록 요구한다. 부속서 I 국가들은 배출권 보유, 거래를 추적할 수 있는 국가 레지스트리(National Registry)를 설립해야 하고, 교토메커니즘에 참여하기 위해서는 국가 온실가스 인벤토리(National GHG Inventory)뿐만 아니라 인벤토리 정보를 수집하고 리포트하는 법적 · 제도적 시스템을 마련하도록 규정하고 있다. 레지스트리는 Holding accounts, Retirement accounts, Cancellation accounts, Replacement accounts와 같은 계좌들을 가지고 있어야 하며 배출권 할당량 이동을 추적하는 역할을 담당한다.

UNFCCC(United Nations Framework Convention on Climate Change) 사무국(secretariats) 관할하에 있는 국제거래로그(ITL: International Transaction Log)는 국가 레지스트리 또는 CDM 레지스트리에서 배출권 거래에 대한 모니터링과 기록을 담당하고 있다. 사무국 관할하에 있는 CDM 레지스트리는 CDM 프로젝트로부터 나오는 CERs 생산과 추적을 담당한다. 또한 ITL은 ERUs에 관한 JI 이행 시스템으로부터도 정보를 제공받게 되어 있다.

레지스트리 간의 거래는 크게 4단계에 걸쳐 수행되고 경우에 따라 EC(European Commission)가 EU-ETS를 위해 관할하고 있는 CITL(Community Independent Transaction Log)과 같은 보조적인 STLs(Supplementary Transcation Logs)를 경유해야 한다.

거래의 1단계는 배출권을 이전하려는 레지스트리(Transferring Registry)가 ITL에 거래종류, 거래규모, 이전(Transfer) 및 취득(Acquiring) 레지스트리의 계좌정보 등을 등재한 제안서를 제출하는 단계이다.

그 후 2단계로 ITL은 제안서를 받은 후 거래규정 적합여부를 심사하여 적합여부를 공지한다. 만약 거래가 STL을 통해야만 한다면 ITL은 STL에 제안서를 전달하고 STL은 거래제안서 내용이 STL 규정 및 요구사항에 적합한지를 판단한 후 ITL에 적합·부적합 여부를 공지하도록 하고 있다. 만약 STL이 기준미달 요인(Discrepancies)을 발견하여 ITL에 전달한다면 ITL은 이전 레지스트리(Transferring Registry)에 부적합 요인을 전달해야 한다. 그러나 STL이 요구하는 조건이 충족되었을 경우에는 ITL은 취득 레지스트리(Acquiring Registry)에 제안서 및 심사결과를 제출한다. 취득 레지스트리가 제안서를 심사한 이후 수용 또는 거부여부를 ITL에 공지하면 ITL은 거래상황(수용 또는 거부여부)을 업데이트 한다.

3단계는 취득 레지스트리가 ITL에 공지를 마치면 거래가 완료되거나(적합성 심사를 통과했을 경우) 또는 중단되는 것이다.

마지막으로 4단계에서 ITL은 거래를 완료시키고 거래에 대한 기록을 업데이트하게 되는데 이 경우 이전된 배출권은 다른 거래에 사용될 수 있게 된다.

그림 12.1 **레지스트리 거래 과정**

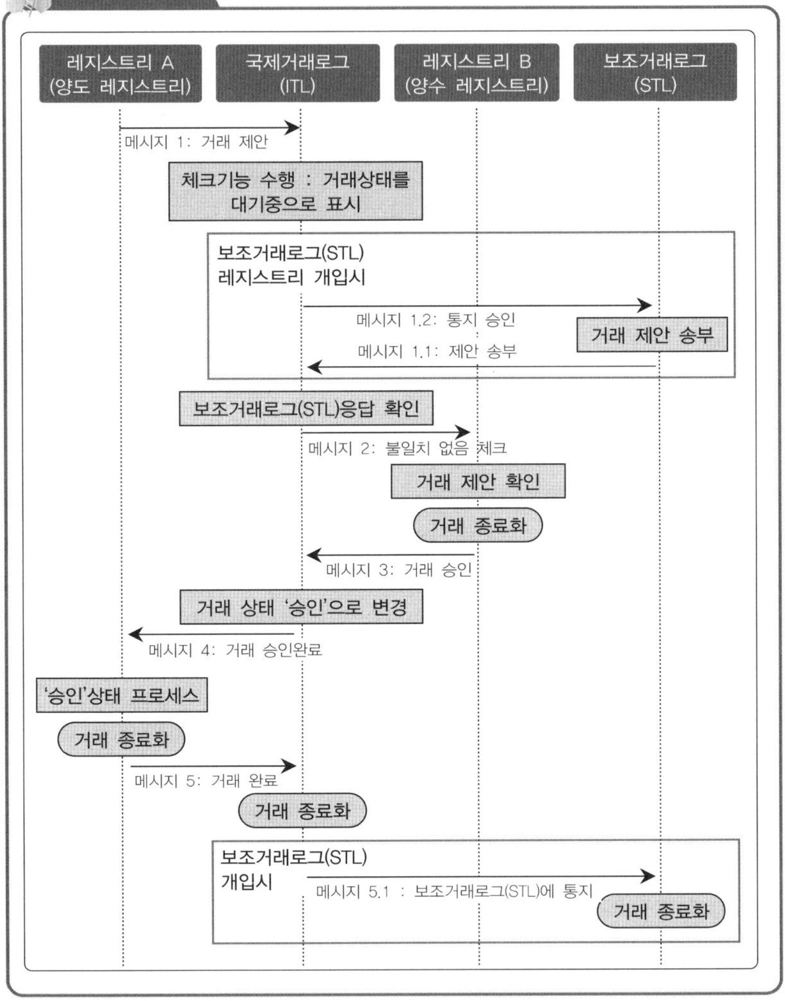

출처: UNFCCC, 'Kyoto Protocol Reference Manual on Accounting of Emissions and Assigned Amounts', 2007

배출권 거래 설계 방식

배출권거래제 설계방식은 Cap-and-Trade 방식과 Baseline-and-Credit 방식으로 구분된다. 교토의정서에 의한 배출권거래제는 Cap-and-Trade 방식에 해당하는 반면, 프로젝트 감축사업에 의해 추가로 발생하는 크레딧은 Baseline-and-Credit 방식에 해당된다. Cap-and-Trade 방식은 배출상한선에 해당하는 배출권을 할당받고 해당 기간 말에 준수해야 하는 배출권을 보유하도록 규정하고 있다. Baseline-and-Credit 방식은 온실가스 저감사업을 통해 인증받은 저감량을 크레딧으로 발급받은 후 거래하는 방식이다.

〈표 12.6〉 감축목표 설정방식

<table>
<tr><th>할당방식</th><th colspan="2">주요 내용</th></tr>
<tr><td rowspan="3">Cap-and-Trade</td><td colspan="2">참여자는 의무준수 기간 동안 배출상한선(cap)에 해당하는 배출권을 할당받고 기간말 의무준수에 해당하는 배출권을 보유하도록 규정</td></tr>
<tr><td>과정</td><td>배출허용 총량 설정 → 총량할당 → 온실가스 저감사업 & 배출권거래 → Reporting & Monitoring → 미준수시 벌금 등으로 제재</td></tr>
<tr><td>사례</td><td>미국 산성비 프로그램</td></tr>
<tr><td rowspan="3">Baseline-and-Credit</td><td colspan="2">참여자는 온실가스 저감사업을 통해 발생한 저감량을 검증 및 인증과정을 거쳐 크레딧을 발급받아 이를 거래할 수 있도록 규정</td></tr>
<tr><td>과정</td><td>온실가스 저감사업 발굴 → 사업 인증 → 사업 시행</td></tr>
<tr><td>사례</td><td>미국 납 크레딧 시장</td></tr>
</table>

배출권 할당방식

배출권을 할당하는 방식에는 경매, 무상배분, 혼합시스템으로 나눌 수 있다. 배출권 할당방식은 시장참여자들이 배출권을 경매방식으로 구매하거나 무상배분 받는 방식으로 구분된다.

〈표 12.7〉 배출권 할당방식

할당방식	주요 내용
경매 (Auction)	참여자는 배출권을 유/무상으로 입찰하여 입찰에 성공한 양만큼 할당을 받게 됨. 이 방식은 신규 참여자들에게 대한 불이익을 해소하는 장점이 있음.
무상배분 (Grandfathering)	참여자에게 배출권을 과거 배출량 기준으로 비용 없이 발행함. 이 방법은 정치적 · 행정적으로 간단함. 사례) 영국의 배출권 시스템
혼합시스템 (Hybrid System)	배출권의 상당부분은 무상배분 방식으로 하고, 신규 참여자를 위해 일정부분을 경매방식으로 판매하는 방식 사례) 미국의 Acid Rain Program

유럽기후거래소(ECX: European Climate Exchange)[7)]

ECX는 2005년 CCX(Chicago Climate Exchange)에 의해 설립되었고 2006년부터 CCX와 함께 Climate Exchange Plc의 자회사로 편입되면서 CCX와 ECX는 자매회사 관계에 있다. EUA 관련 ECX 탄소배출권 관련 상품은 EU-ETS하에서 가장 활발하게 거래되고 있고, ICE(Intercontinental Exchange)의 전자플랫폼(electronic

7) 시장경제연구원(2007.12)

〈표 12.8〉 ECX EUA 선물 상품명세

구 분	내 용
계약형태	Phase I 기간 동안 2008년 3월까지 월별 계약. Phase II(2008~2012) 동안은 12월 만기의 연간 계약
최소거래단위	CO_2 EUAs 1,000톤
최소가격변동폭	€ 0.01
결제 및 인도	청산회원 계좌와 LCH. Clearnet을 통해 매도자의 계좌로부터 매입자의 계좌로 할당된 배출권을 실물결제함. 마지막 거래일 3일 이후에 인도
결제가격	매일 장 종료 후인 16:00–16:15(영국 지역시간) 동안의 가중평균 가격. 유동성이 낮을 경우 호가된 결제가격
청산 및 계약이행	LCH. Clearnet은 모든 거래에 중앙 거래상대방으로 활동하고 회원의 이름으로 등록된 ICE 선물계약의 이행을 보증
거래시간	07:00~17:00 영국 지역시간
거래시스템	ICE 선물 전자거래 플랫폼을 통해 거래

출처: ECX

platform)을 사용하고 있다. ECX는 ICE 선물시장에 상장되어 있는 ECX CFI(Carbon Financial Instrument)에 대한 마케팅과 상품개발을 담당하고 있고, 거래는 ICE 선물시장에서 이루어지고 있다. 동 시장에서 거래되는 ECX CFI는 EUA에 대한 선물 및 옵션계약으로 구성되어 있고, 금융감독당국인 FSA(Financial Services Authority)의 규제를 받고 있으며, 청산소인 LCH. Clearnet에서 청산을 담당하고 있다. LCH Clearnet은 NYSE Euronext, London Stock Exchange 등 다양한 거래소의 청산업무를 담당하고 있다.

ECX CFI 거래에 참여하기 위해서는 ICE선물시장에 있는 ECX CFI의 회원이 되어 회원으로서 거래하는 방법과 ICE선물 회원의 고객으로서 주문전송(Order-Route)하는 방법이 있다. 현재 ECX CFI 회원에는 Deutsche Bank, Merrill Lynch, Morgan Stanley 등 글로벌 투자은행들이 포함되어 있다. 고객이 주문전송(order-route)하는 경우 LCH. Clearing에 청산회원의 이름으로 등록되며 고객은 익명으로 남게 된다.

ECX CFI 선물계약의 결제는 청산회원(LCH. Clearnet의 회원) 계좌와 LCH. Clearnet을 통해 매도자 계좌의 배출 할당량이 매수자의 계좌로 이전되는 방식을 사용한다. LCH. Clearnet은 모든 거래에 있어 집중 거래상대방(CCP: Central Counterparty) 역할을 담당하는데, 결제과정에서 EUAs가 국가 레지스트리(National Registry)에 있는 매도자의 계좌에서 매입자의 계좌로 이전되고 모든 이전과정은 반드시 청산회원 계좌와 LCH. Clearing을 통해서만 이루어진다. LCH. Clearnet은 중앙 거래상대방 청산소(Central Counterparty Clearing House)로서 거래당사자 중간에서 거래에 대한 보증인 역할을 담당한다. 또한 LCH. Clearnet은 개시마진(initial margin)과 변동마진(variation margin) 두 가지 종류의 마진콜을 사용하여 거래상대방 리스크를 관리하는 역할도 담당하고 있다.

시장참가자에는 일반참가자(General Participant), 거래참가자(Trade Participant), 개인참가자(Individual Participant)가 있고 이들은 다시 청산회원과 비청산회원으로 나누어진다. 일반참가자가 청산회원일 경우 자신과 고객의 거래 및 청산업무를 수행할 수 있는 반면, 일반참가자가 비청산회원일 경우에는 자신과 고객의 거래업무만 수행할 수 있고 청산업무는 수행할 수 없으므로 청

그림 12.2 ECX CFI 계약에 대한 인도과정

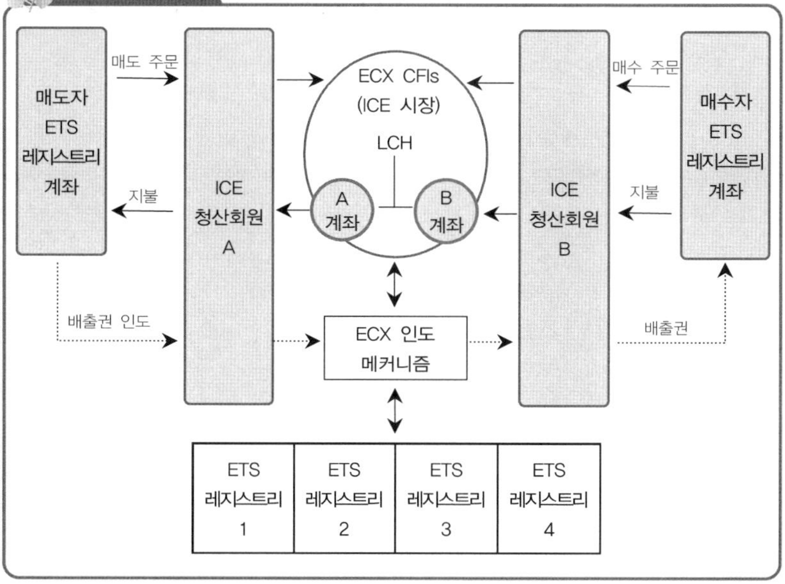

출처: ECX

산회원과 청산협약(Clearing Agreement)을 맺어야 한다. 거래참가자가 청산회원일 경우 자신에 대한 거래 및 청산업무가 가능하지만 거래참가자가 비청산회원일 경우 자신의 거래만 가능하고 청산업무는 할 수 없다. 개인참가자는 개인이 자기거래를 목적으로 시장에 참여하는 것이므로 반드시 청산회원과 청산협약을 맺어야 한다.

영국의 경우 국가레지스트리는 DEFRA(Department for Environment, Food and Rural Affairs)에서 관장하고 있으나 환경부(Environment Agency)에 의해 실질적으로 관리 및 운영되고 있다.

〈표 12.9〉 청산과정

일정	배출권 흐름	현금흐름
만기(Expiry)	매도자는 청산회원에게 배출권 이전을 요구	
T+1일	청산회원은 고객으로부터 배출권을 받고 배출권은 다시 LCH. Clearnet에 있는 계좌로 이전	
T+2일	LCH. Clearnet은 청산회원으로부터 배출권을 받아 매입자의 청산회원 계좌로 이전	매입자의 청산회원은 계약에 약정된 가격을 지불
T+3일	청산회원은 LCH. Clearnet으로부터 배출권을 받아 매입자의 계좌로 이전	매도자의 청산회원은 약정가격을 수령

출처: ECX

부록 1 에너지시장 관련 주요 용어

Spark Spreads

The UK and German gas and power prices quoted in ESGM's Spark Spread tables are derived from the price assessment tables and daily indices in ESGM and European Daily Electricity Markets(EDEM). All the power prices quoted are for baseload delivery and, with the exception of Day-ahead, are the midpoint of the closing price assessment of the respective contract on the day of publication. The

Day-ahead price is the UK Day-ahead Index price. Gas prices and indices quoted in the Spark Spread table are NBP for the UK and the Dutch TTF for Germany. The TTF hub is currently the most liquid gas market in the region and is widely used as a reference for German gas prices. With the exception of Day-ahead, all gas prices quoted are the midpoint of the closing price assessment of the respective contract on the day of publication. The Day-ahead price is the NBP Day-ahead Index price for the UK and the TTF Dayahead Index price for Germany.

For a full explanation of how the power and gas prices are derived please see the relevant sections of the EDEM/ESGM methodologies. Both the UK and German Spark Spread tables use a fuel efficiency factor of 49.13% for the gas conversion. In reality, each gas-fired plant has a different fuel efficiency, but 49.13% is used as a standard in the UK market because it provides an easy conversion between gas and power volumes(25,000 therms of gas = 15MW of power). This is based on a conversion rate of 1kWh = 0.034121 therms or, alternatively, 1 therm = 29.3071kWh. The Spark Spread value is therefore the power price minus the gas price divided by 0.4913, ie Spark Spread = Power Price−(Gas price/0.4913).

Clean Spark Spreads and Clean Dark Spreads

Clean Spark/Clean Dark Spreads are a reflection of the cost of generating after taking into account fuel(gas/coal) and carbon allowance costs. A positive spread effectively means that it is theoretically profitable to generate electricity on a baseload basis for the period in question, while a negative spread means that generation would be a loss-making activity. However, it is important to note that the Clean Spark/Clean Dark Spreads do not take into account additional generating charges(beyond fuel and carbon), such as operational costs.

The German Clean Dark and Spark Spread data represented in the line graph in Coal Swaps Daily is derived from ICIS proprietary German power, gas and EUA carbon data. These are published in European Daily Electricity Markets(EDEM), European Spot Gas Markets(ESGM) and European Daily Carbon Markets(EDCM). All the power prices quoted are for baseload delivery. Gas prices cited are Dutch TT F for Germany as the TT F hub is more liquid than the German gas hub and has a more robust forward curve. For a full explanation of how the power, gas and carbon prices are derived, please see the EDEM/ESGM/EDCM methodologies.

Clean Spark Spread

The German Spark Spread tables use a fuel efficiency factor of 49.13% for the gas conversion. In reality, each gas-fired plant has a different fuel efficiency, but 49.13% is used as a standard because it provides an easy conversion between gas and power volumes(25,000 therms of gas per day = 15MW of power). The Spark Spread value is therefore the power price minus the gas price divided by 0.4913, ie Spark Spread = Power Price − (Gas price/0.4913). The Clean Spark Spread is calculated using a gas emissions intensity factor of 0.411 tCO_2/MWh. Therefore the Clean Spark Spread is calculated by subtracting the carbon price(multiplied by 0.411) from the 'dirty' Spark Spread, ie Clean Spark Spread = Spark Spread − (Carbon Price × 0.411).

Clean Dark Spread

Clean Dark Spreads are a reflection of the cost of generating after taking into account fuel(coal) and carbon allowance costs. A positive spread effectively means that it is profitable to generate electricity on a baseload basis for the period in question, while a negative spread means that generation would be a loss-making activity. However, it is important to note that the Clean Spark Spreads do not take into account additional generating charges(beyond fuel and carbon), such as operational costs. The German Dark Spread tables use a fuel efficiency factor of 35% for the coal conversion, and an energy conversion factor of 7.1 for converting tonnes/coal into MWh/ electricity, on the basis that CIF ARA coal is rejected below a standard quality of 5,800kcal/kg. In reality, different types of coal have a different energy value and each coal-fired plant has a different fuel efficiency, but 35% is accepted as a broad standard.

The Dark Spread value is the power price minus the coal price divided by 0.35, ie Dark Spread = Power price−(Coal price/0.35). The Clean Dark Spread is calculated using a coal emissions intensity factor of 0.96 tCO2/MWh. Therefore the Clean Dark Spread is calculated by subtracting the carbon price(multiplied by 0.96) from the 'dirty' Dark Spread, ie Clean Dark Spread = Dark Spread−(Carbon Price×0.96).

General Gas Definitions

The European wholesale Over-The-Counter(OTC) gas markets are assessed each working day during the period 16:30 to 18:00 London time, when ICIS contacts by telephone a wide range of active market participants. All price assessments published in ESGM are formulated by ICIS at the conclusion of this process and represent ICIS' close-of-day bid-offer ranges for flat gas(no swing, 100% take-or-pay) delivered at a number of hubs. Dayahead and prompt closing prices are assessed as closely as possible to 16:30 London time on all UK working days, except on the final working day immediately preceding 25 December and 1 January each year, when these prices are assessed as closely as possible to 12:00 London time. Curve price assessments are assessed as closely as possible to 16:30 London time at the earliest, or at the time of the latest liquid market if this is after 16:30, on all UK working days, except on the final working day immediately preceding 25 December and 1 January each year, when these prices are assessed as closely as possible to 12:00 London time. Prices reported are based on bids and offers widely available to the market at the close. Closing price assessments are not based on deals done during the day(listed separately in ESGM).

"Bid" is deemed to be the highest price bid by buyers at the close of business on the trading day in question.

"Offer" is deemed to be the lowest price offered by sellers at the close of business on the trading day in question.

Prices in the NBP and Zeebrugge(Zee Beach) ESGM price assessments are given in UK pence per therm to three decimal places(1 therm = 100,000 British Thermal Units = 29.3071kWh).

Prices quoted are for gas flowing to the specified hub at a flat rate(100% take-or-pay, zero swing) throughout the specified delivery period.

Price Assessments-Definitions Of Hubs

- NBP : The British virtual gas hub operated by TSO National Grid, covering all entry and exit points in mainland Britain.
- Zeebrugge : The physical gas hub at Zeebrugge(Zee Beach) in Belgium operated by Huberator, a 100% subsidiary of Belgian TSO Fluxys.

- ZTP : The virtual gas hub in Belgium operated by Belgian TSO Fluxys.

- TTF : The virtual gas hub covering all high calorific entry and exit points in the Netherlands, operated by Dutch TSO Gas Transport Services, a subsidiary of NV Nederlandse Gasunie.

- GASPOOL : A subsidiary of DON G Energy Pipelines GmbH, ERD GAS MÜSTER Transport GmbH & Co KG, EWE NETZ GmbH, Gasunie Deutschland Transport Services GmbH, ON TRA S - VNG Gastransport GmbH und WINGAS TRAN SPOR T GmbH, based in Berlin. By the integration of the market area H-Gas Northern Germany, Statoil Deutschland Transport GmbH is also involved in this market area cooperation.

- NCG : NetConnect Germany is a joint company that handles the operational management of market area cooperation between the grid companies bayernets GmbH, Fluxys TENP
TSO SpA, Open Grid Europe GmbH, GRTgaz Deutschland GmbH, GVS Netz GmbH and Thyssengas GmbH.

- PEG Nord : The virtual gas hub covered by the high calorific entry/exit north market zone operated by GRTgaz, the wholly-owned transport arm of Gaz de France.

- PEG Sud : The virtual gas hub covering the southern market zone operated by GRTgaz, the wholly-owned transport arm of Gaz de France.

- PEG TIGF : The virtual gas hub covering the southwest market zone operated by TIGF, a private limited company and a subsidiary of the Total SA group.

- CEGH : The physical gas hub at Baumgarten in Austria, operated by CEGH.
- PSV : The virtual hub run by Italian network operator Snam Rete Gas.
- Czech virtual trading point(VTP) : The virtual trading hub covering the Czech Republic.
- AOC : The virtual gas trading point covering the Spanish transport system, operated by Enagá.

Price Assessments – Definitions Of Periods

The periods, from one day to one year, are based on the standard definition of the "gas day" used in Britain. That is, gas flowing from 06:00:00 on the day in question(the day on which the report is published) for 24 hours until 05:59:59 on the following day.

- "Day-ahead" : Day-ahead prices are for flat gas(no swing, 100% take-or-pay) to be delivered for the working gas day following the date of the report. Thus, in a report published on Friday, the Day-ahead quote would normally apply to the following Monday, provided that Monday is not a public holiday in Britain(in which case Day-ahead would refer to the next working day after that). Day-ahead prices represent gas to be delivered at a flat rate, beginning at 06:00:00 London time on the next working day after the date of publication and ending at 05:59:59 on the day following the start date of delivery.
- "Weekend" : Weekend prices are for the first Saturday and Sunday

following the date of the report, as well as other non-working days contiguous with the weekend, and the Christmas and Boxing Day(25-26 December) holidays, and New Year's Day(1 January) when these fall midweek. Thus, if there is a UK public holiday on a Monday or a Friday, this extra day would be included in the Weekend period which immediately precedes or follows it. Similarly, if Christmas Day and Boxing Day fall on a Tuesday and Wednesday, the Weekend contract quoted on the Monday of the same week would refer to Christmas Day and Boxing Day. Weekend prices represent flat gas(no swing, 100% take-or-pay) with delivery beginning at 06:00:00 London time on the first day of the Weekend period and ending at 05:59:59 on the day following the end of the Weekend. Thus, for a normal weekend, the Weekend price is for gas delivery starting at 06:00:00 on Saturday and ending at 05:59:59 on the following Monday.

- "Working Days Next Week(WDNW)" : Working Days Next Week prices are for flat gas(no swing, 100% take-or-pay) to be delivered throughout every working day in the week following the date of the report, ie contiguous working days following the next Weekend period. WDN W prices represent flat gas with delivery beginning at 06:00:00 London time on the first day of the WDN W period and ending at 05:59:59 on the day after the last working day of the period. Thus, for a typical WDN W contract, delivery begins at 06:00:00 on the first Monday after the date of publication and ends at 05:59:59 on the following Saturday.
- "Balance-of-month(BOM)" : Balance-of-month prices are for flat gas(no swing, 100% take-or-pay) to be delivered throughout each of the remaining days of the current month, excluding the next

immediate Day-ahead or Weekend contract, whichever is the sooner. Thus, in a report published on Thursday, the BOM quote would normally apply from the following Saturday to the end of the month(remaining days of the month minus Day-ahead). In a report published on Friday, the BOM quote would normally apply from the following Monday to the end of the month(remaining days of the month minus Weekend). The number of days contained in BOM thus declines through the month. BOM prices represent gas to be delivered at a flat rate, beginning at 06:00:00 on the first day of the contract and ending at 05:59:59 on first day of the succeeding month.

- Months : Monthly prices represent flat gas(no swing, 100% take-or-pay) to be delivered at a flat rate throughout each day of the month, beginning at 06:00:00 on the first day of the month and ending at 05:59:59 on the first day of the succeeding month.
- Quarters : A Quarter is the three-month period beginning on 1 January(Q1), 1 April(Q2), 1 July(Q3) and 1 October(Q4). Quarter prices represent gas to be delivered at a flat rate throughout each day of the quarter, beginning at 06:00:00 on the first day of the quarter and ending at 05:59:59 on the first day of the succeeding quarter.
- Seasons : A Season is the six-month period running from either 1 April to 30 September of a particular calendar year(known as Summer) or running from 1 October of one year to 3 March of the following year(known as Winter). Season prices represent gas to be delivered at a flat rate throughout each day of the season, beginning at 06:00:00 on the first day of the season and ending at 05:59:59 on the first day of the succeeding season.

- Years : A Year is the 12-month period 1 January-31 December. Year prices represent gas to be delivered at a flat rate throughout each day of the 12-month period, beginning at 06:00:00 on the first day of the calendar year and ending at 05:59:59 on the first day of the succeeding calendar year.

- Gas Year : A Gas Year is the 12-month period starting on 1 October of a particular calendar year and ending on 30 September of the following calendar year. The title of the Gas Year always refers to the year in which the contract commences, so that for example, Gas Year 08 means the period 1 October 2008 to 30 September 2009. Gas Year prices represent gas to be delivered at a flat rate throughout each day of the 12-month period, beginning at 06:00:00 on the first day of the gas year and ending at 05:59:59 on the first day of the succeeding Gas Year.

Price Assessments-Contracts Assessed At Individual Hubs

As liquidity expands at the various hubs across Europe, ICIS successively adds new periods to the price assessments at different hubs. Currently, ICIS quotes the following periods at each hub:

- NBP(published every UK working day in p/th) : Day-ahead, Weekend, WDN W, BOM, six months ahead, 11 quarters ahead, 10 seasons ahead, two gas years ahead, two calendar years ahead.

- Zeebrugge(published every UK working day in p/th) : Day-ahead, Weekend, WDN W, BOM, three months ahead, six quarters ahead, three seasons ahead, one gas year ahead, one calendar year ahead.

- ZTP(published every UK working day in €MWh) : Dayahead, Weekend(only on the last UK working day of the week), one month ahead, one quarter ahead, one season ahead.

- TTF : Day-ahead, Weekend, WDN W, BOM, six months ahead, 10 quarters ahead, 10 seasons ahead, one gas year ahead, four calendar years ahead, all assessed as quoted to ICIS in euros per megawatt hour(€MWh).

- PEG Nord(published every UK working day in €MWh) : Day-ahead, Weekend(only on the last UK working day of the week), three months ahead, two quarters ahead, three seasons ahead.

- PEG Sud(published every UK working day in €MWh) : Day-ahead and Weekend(only on the last UK working day of the week), one month ahead.

- PEG TIGF(published every UK working day in €MWh) : Day-ahead and Weekend(only on the last UK working day of the week).

- NCG(published every UK working day in €MWh) : Dayahead, Weekend, WDN W, BOM, three months ahead, four quarters ahead, five seasons ahead, three calendar years ahead.

- GASPOOL(published every UK working day in €MWh) : Day-ahead, Weekend, WDN W, BOM, three months ahead, four quarters ahead, five seasons ahead, three calendar years ahead.

- CEGH(published every UK working day in €MWh) : Dayahead, Weekend(only on the last UK working day of the week), three months ahead, two quarters ahead, three seasons ahead.

- PSV(published every UK working day in €MWh) : Dayahead, Weekend(only on the last UK working day of the week), two months ahead, one season ahead, one gas year ahead.

- Weekly Italian Assessment and Formulas(published weekly on a Wednesday in €MWh) : BOM, one month ahead, one quarter ahead, one season ahead, one gas year ahead. The assessment table also shows the Eni oil-linked contract price as delivered at the PSV, the differential of the spot value to this price and the TTF price for comparison.

- Czech virtual trading point(VTP)(published every UK working day in €MWh) : Day-ahead, Weekend(only on the last UK working day of the week), one month ahead, two quarters ahead, one calendar year ahead.

- AOC(published every UK working day in €MWh) : one month ahead.

- Continental Price Assessment(published every UK working day, on the "Across the Markets" page in €MWh) :
  TTF - Dayahead, Weekend, WDN W, BOM, three months ahead, six quarters ahead, six seasons ahead, one gas year ahead, three calendar years ahead, all assessed as quoted to ICIS in €MWh. Zeebrugge and NBP - These are simply a conversion into €MWh of the Zeebrugge and NBP prices quoted in pence per therm in the ESGM Price Assessment on page 1 of the report. Forward currency exchange rates are calculated using 29 pricing points, sourced from Bloomberg, at 16:30 London time every day.
  The pricing points used are all of those available: spot, one week ahead, 24 months ahead, and three to five years ahead. Using these

points, we calculate a smooth curve which provides us with rates for each day out to five years. From these values, we then create appropriate rates for the contracts quoted by us in our gas market assessment tables.

- Bunde : ICIS continues to assess gas prices at the Bunde physical entry point into Germany. A full price history at Bunde can be obtained from ICIS, but the Bunde Price Assessment does not currently appear in the report, as liquidity at the trading point has deteriorated significantly since the development of the Dutch virtual TTF hub. At present, the ICIS Bunde price assessment covers the identical range of contracts quoted at TTF. Bunde lies near the border with the Netherlands and is about 50km east of Groningen.

부록 2 탄소배출권시장 인사이드

Inside 01 유럽 탄소배출권시장전망(EU-ETS 3기)

2013년 탄소배출권시장은 국제적인 큰 틀의 중요한 변화가 예상된다. 이러한 변화는 청정개발체제(CDM) 프로젝트 개발자, 온실가스 감축업체, 정부당국, 카본 투자자 등 탄소배출권시장 참가자들이 관심을 가지게 될 것이다.

UNFCCC의 당사국총회(COP18)가 2012년 11월 26일(월)~12월 8일(토)간 카타르 도하에서 개최되었다. 이번 당사국 총회에서는 2013년~2020년간 선진국의 온실가스 의무감축을 규정하는 교토의정서 개정안이 채택되었으며 기존 EU국가를 중심으로 호주, 스위스, 노르웨이 등이 추가로 참여하는 가운데 2013년 1월부터 온실가스 감축을 위한 2차 공약기간이 시작된다. 2015년까지 새로운 기준이 마련됨과 동시에 2020년 이후부터는 모든 당사국에 적용되는 신기후체제를 마련하게 된다.

2013~2020년 동안 교토체계가 연장되었으나 이 기간 동안 참여하는 국가들의 온실가스 비중은 15%에도 못 미친다. 그러나

이러한 비관적인 관점에도 불구하고 포스트 교토체제의 연장에 대한 의미는 청정개발체제(Clean Development Mechanism), 공동이행제도(Joint Implementation) 사업 등이 계속해서 지속된다는 점이다.

2013년 1월에 새롭게 출범하게 되는 EU-ETS 3기(EU-Emission Trading Scheme Phase III)는 크게 8가지 관점에서 새롭게 운영될 전망이다.

① 기존에 운영기간이 5년에서 8년으로 확대되었다는 점
② 섹터에 있어서 항공, 해운 부문이 새롭게 추가된다는 점
③ 온실가스감축에 대한 캡과 할당에 대해서 더욱 강화된다는 점
④ 전력부문에 대해서 무상할당이 없어진다는 점
⑤ 카본누출 방지를 위한 새로운 기준이 마련된다는 점
⑥ 35MW 이하의 배출업체는 의무감축이 면제된다는 점
⑦ 개별 국가별 등록에서 EU전체의 등록부가 운영된다는 점
⑧ 온실가스에 대한 모니터링, 보고, 검증 과정이 변경된다는 점

이상 8가지 관점하에서 EU-ETS Phase III는 새로운 변화를 가져올 것이다. 끝으로 CDM사업과 관련하여 가장 큰 변화는 온난화지수 값이 큰 HFC-23 온실가스와 저감 비용이 상대적으로 저렴한 N_2O 온실가스에 대해서는 2013년 4월 30일까지만 유용하고 2013년 1월부터는 온실가스 절감으로 인정이 안 된다.

Inside 02 EU 탄소배출권 시장현황과 2013년 전망

2012년 11월 유럽에너지거래소(European Energy Exchange)에서 거래된 탄소배출권의 거래량은 62.3백만톤이다. 2011년 11월 9.1백만톤과 비교하면 6.84배 증가한 규모이다. 이러한 거래량의 증가는 발행시장에서 대규모 경매에 따른 요인과 함께 가격이 낮아진 배출권에 선취 매수세가 유입되면서 증가세를 보였다.

EUA 선물 거래량은 14.4백만톤으로 전년동기대비 4.65배 증가한 규모이며 월간 기준으로 최대 거래실적을 보였다. CER의 경우도 204,000톤으로 2011년 11월과 대비하여 175% 증가 실적을 기록하였다.

이것은 전력회사의 유상할당과 연간 할당실적 마감 그리고 모니터링(온실가스 배출량 관측)의 종료시점과 맞물리면서 거래량 폭등으로 이어졌다. 또한 EUA-CER간 스프레드 폭이 시상 최대를 기록함에 따라 배출권의 교환이 이루어지는 스왑거래(EUA매도/CER매입 or EUA매입/CER매도)도 시장 거래량 증가에 일정부분 기여를 했다.

탄소배출권(EUA/CER)의 가격하락에도 불구하고 시장지표상 다행스러운 점은 거래량이 사상 최대의 실적을 기록했다는 대목이다. 탄소배출권가격은 수급의 불균형에 경기요인이 가세하면서 연간 저점을 경신하였고 2기(2008년~2012년)에서 3기(2013

년~2020년)로 이행하는 과정에서 저가매수 및 이월(Banking) 위한 대응이 시장 거래량의 증가로 이어졌다.

2012년 가장 주목받은 시장은 프로젝트시장이다. EUA 가격은 탄소배출권의 제조원가 수준인 톤당 6~7유로를 지지선으로 한 횡보장세를 연출하였고 CER 가격은 톤당 0.2~0.5유로 수준으로 시장붕괴 모습을 보였다.

2012년 11월 현재 발행되었거나 발행중인 CER 물량은 63.3백만톤으로 사상 최대의 발행실적을 기록하였다. 누계기준으로 CER은 2005년 10월 이후 1,170.9백만톤을 발행했다. 이는 대표적인 수급 파괴요인으로 부각되어 프로젝트 시장에서 가격 하락을 심화시켰다.

2013년은 유로 재정위기로 인한 경기 부진지속, 탄소배출권에 대한 매수요인 부재, 낮은 배출권 가격으로 유상할당에 대한 부담 완화, 누적 기준으로 최대 CER 발행물량 등의 요인으로 탄소배출권 가격은 당분간 반등을 모색하기 어려울 것으로 전망된다.

Inside 03 CDM 프로젝트 시장분석

CDM 시장은 경기요인보다는 CDM 프로젝트를 통한 CER 발행실적과 매우 밀접한 관계가 있으며 2기 운영기간 동안 CER 발행 급증은 CER 가격급락을 초래했다. CDM사업을 통해 얻게 되는 CER과 JI사업을 통해 얻게 되는 ERU는 EU지역에서 일정부분 연계되어 운영된다.

유럽 탄소배출권 2기(EU-ETS Phase II) 동안 의무감축 국가들에게 2,080.93백만톤의 배출권이 할당되었으며 CER 및 ERU로 대체할 수 있는 규모는 285.84백만톤이다.

이 기간 동안 CDM시장에서 발행된 CER은 1,097.73백만톤으로 1기 운영기간 대비 10.7배 증가했다. CDM 프로젝트 유형별로 볼때 HFC 프로젝트는 427.35백만톤(39%), N_2O 프로젝트는 221.49백만톤(20%), Hydro 프로젝트는 130.28백만톤(12%)의 발행 실적을 보였으며 이들 3개 프로젝트가 전체 발행물량의 71%를 차지하고 있다.

2기 기간 동안 누적 CER 발행량 규모(1,097.73백만톤) 중 EU국가에서 소화될 수 있는 발행물량은 추정치 285.84백만톤을 감안할 때 811.89백만톤의 CER물량이 잉여로 남게 된다. 이는 필요물량대비 2.8배가 초과 발행된 규모이다.

물론 3기 운영기간 동안 의무감축 국가나 업체들이 이미 발행된 CER 보유 후 의무감축을 이행할 수 있으나 수급 상황상 지나

치게 많이 발행된 규모이다. 이로 인해 CER 배출권 가격은 계속해서 약세기조를 보일 수밖에 없다. 또한 CER 제조원가 수준에도 못 미치는 CER 시장가격으로 CDM사업의 수익성은 매우 낮은 상황이며 올해에도 CDM사업은 상당 부문 위축될 것으로 전망된다.

따라서 HFC프로젝트, N_2O프로젝트에 대한 제도변화가 요구되며 이미 발행된 CER에 대한 수요촉진 정책이 마련되어야 하는 상황이다. 공급측 감소와 수요 측 증가가 일어나지 않는 한 CER 가격 반등은 기대하기 어려워 보이고, 수급개선이 없는 한 EUA와 CER 간의 가격 스프레드폭 축소는 어려울 것으로 전망된다.

EU 및 UNFCCC를 중심으로 CDM사업에 대한 제도변경은 CER의 가격반등으로 이어질 수 있는 만큼 CDM 프로젝트들에 대한 모니터링 강화가 필요한 시점이다.

Inside 04 왜 CER 가격은 항상 EUA 가격보다 낮은가?

EU-ETS가 운영된 이래로 CER가격은 EUA가격보다 항상 낮은 상태에서 유지되어 왔다. 이러한 원인을 혹자는 CDM 프로젝트의 리스크로 인식하고 있으나 유통시장에서 이미 발행된 CER은 리스크가 없는 탄소배출권이 된다.

유럽 내 온실가스 의무감축 업체들은 할당 받은 저감목표에 대해서 일정부문 EUA와 CER 간의 교환이 가능하도록 제도가 설계되어 있다. 온실가스 저감 방법은 다양하고 저감 비용 또한 천차만별이다.

CDM사업은 중국, 인도, 브라질 및 그 외 몇몇 국가들에서 프로젝트가 진행된다. 이들 국가들은 유럽국가들보다 온실가스 저감비용이 상대적으로 저렴하므로 온실가스를 낮은 가격으로 감축할 수 있다.

유럽지역의 온실가스 저감비용은 인건비 및 기술비용이 높아 1톤의 CO_2를 줄이는 데 고가의 비용이 든다. 따라서 대부분의 CDM 프로젝트들이 브릭스 국가를 중심으로 신흥개도국에서 진행되는 대표적인 이유이고, 그 결과 CER 가격은 EUA 가격보다 낮게 형성된다.

EUA는 EU지역에서의 제한된 공급인 반면에 UNFCCC를 통해서 CER은 무제한 공급된다. 그 결과 EUA 수요우위인 반면에

CER은 공급우위로 일정한 스프레드 폭이 유지되는 게 일반적인 현상이다.

최근 CER 가격 폭락사태는 CDM 프로젝트를 통한 CER 발행물량 증가 때문이다. 따라서 CER 가격의 안정화를 위해서는 CDM사업에 대한 제도적인 보완과 함께 온난화지수 값이 큰 HFC 계열에 대한 조정이 불가피해 보인다(2012년 12월 현재 CER 총 누적 발행물량 중 HFC 프로젝트 40%, N_2O 프로젝트 20% 차지함).

EUA는 EU 지역 내 배출권으로 석탄가격, 가스가격, 기온, 바람세기에 의해서 영향을 받게 되므로 화석연료의 가격상승과 한파는 제한된 배출권인 EUA 가격을 상승시키게 된다. 그러므로 EUA와 CER 시장은 모두 수급에 의해서 가격이 결정되는 만큼 양 시장이 가지고 있는 고유한 가격결정 요인을 파악해야 한다.

Inside 05 백-로딩Back Loading과 탄소배출권가격

최근 탄소배출권 가격은 연이어 급락세를 보이고 있으며 연간으로 환산한 EUA의 변동성은 97.9%, CER의 변동성은 205.5%로 확대되었다. 이에 EU 집행위원회는 가격 급락세를 막기 위해 다양한 조치를 내놓고 있으나 회원국들의 반대로 난항을 거듭하고 있다.

탄소배출권 거래제도의 개선방향은 수급조절에 맞춰져 있으며 지난해 11월 14일에 발표한 장 · 단기 개혁방안의 내용을 살펴보면 다음과 같다.

① 2020년까지 온실가스 감축목표 강화(현재 20% → 30%)
② 배출권거래제 3기 동안 일정분의 탄소배출권 사용 금지(백-로딩)
③ 배출량 상한선 설정 강화(현재 -1.74%/연간선형감소)
④ 배출권거래제 적용 산업부문 확대
⑤ UN 발행 탄소배출권(CERs 등)의 사용 제한 · 금지
⑥ 탄소가격관리 메커니즘 도입

EU 탄소배출권거래제 개선을 위한 6가지 개혁안의 핵심은 감축 목표치 상향과 배출권 허용치의 하향 조정을 통해 수급 상황을 개선시키겠다는 것이다. 단기적인 관점에서 주목해야 할 내

용은 2013년~2020년 단계적으로 배정할 예정인 9억톤 신규경매 할당량을 2019년~2020년 기간까지 연기하자는 백-로딩(Back-Loading) 제도의 제안이다.

백-로딩은 수급조절을 위해서 경매될 예정인 신규 할당량을 2013년~2015년 동안 집중적으로 유보시킨 뒤 이를 2019년~2020년에 공급하겠다는 내용이다. 연도별로 2013년 4.0억톤, 2014년 3.0억톤, 2015년 2.0억톤 감소시킨 후 이를 2019년 3.0억톤, 2020년 6.0억톤 증가시킬 계획이다.

EU 의회 내 EU 산업·에너지 위원회는 2013년 1월 24일 백-로딩 도입을 표결에 부쳤으나 회원국들의 반대로 무산되면서 EUA의 가격은 1차 지지선으로 인식되었던 톤당 5유로가 3유로 후반으로 밀리는 약세장을 연출하였고 CER가격 또한 톤당 0.15 유로로 급락세를 보였다.

따라서 탄소배출권의 수급요인이 최근 가격방향에 결정적인 변수인 만큼 2월 19일에 다시 개최되는 EU 유럽 산업·에너지 위원회의 결과를 주목해야 하는 상황이다.

Inside 06 CDM시장과 신시장메커니즘 (New Market Mechanism)

UNFCCC하에서 CDM 프로젝트시장은 시장기반을 근간으로 한 비용 효과적인 온실가스 저감 프로젝트로 인정받고 있다. 특히 대부분의 CDM프로젝트들은 주로 저개발국가들을 대상으로 온실가스 저감 프로젝트를 진행해왔다.

CDM 프로젝트들은 제 7차 당사국(COP7)을 시작으로 2007년 프로그램 CDM사업, 2009년 CDM 조림 프로젝트(REDD+) 등 꾸준히 온실가스 저감 사업에 영역을 확대해 오고 있으며 CDM사업에 대한 다양한 요구와 문제점들을 개선시키면서 진화해 오고 있다.

이러한 성과를 바탕으로 최근에는 탄소 크레딧(Carbon Credit)을 중심으로 한 신시장 메커니즘(New Market Mechanism)에 대한 요구가 늘어나고 있다. CDM프로젝트의 활성화로 인해 World Bank를 중심으로 한 선진국들의 탄소펀드(Carbon Fund)와 탄소금융(Carbon Financing)은 꾸준한 성장세를 거듭하고 있다. 특히 World Bank 탄소펀드 규모는 2000년 145백만 달러에서 2010년 2,388백만 달러로 16.5배나 증가하면서 성장세를 보이고 있다.

UNFCCC를 중심으로 운영되어 오던 CDM프로젝트 시장에 대해서 개도국의 다양한 의견이 절충됨에 따라 신시장메커니즘(New Market Mechanism)을 중심으로 변혁기를 맞이하고 있다. 신시장메커니즘은 기존 CDM프로젝트들에 대한 영역과 정책부문을 세분화하여 5개의 메커니즘으로 구성되어 있다.

1) 양자간 CDM 프로젝트
2) 산업부문별 크레딧(Sectoral Crediting) (Cap-and-trading)
3) 산업부문별 트레이딩(Sectoral Trading) (Baseline-and-Credit)
4) 개도국의 자발적 온실가스감축 행동(NAMA Crediting)
5) 조림 부분(REDD Plus)

향후 Post 2012년 CDM시장은 신시장메커니즘(NMM)를 중심으로 섹터별, 정책별 CDM 프로젝트 위주로 운영될 가능성이 높다. 특히 우리나라는 자발적 탄소 크레딧(NAMA Crediting) 부여를 제안한 상태이므로 새로운 CDM 프로젝트 시장에 대한 탄력적인 대응이 요구된다.

Inside 07 중국 탄소배출권시장 현황

중국의 온실가스 저감 및 환경정책은 5년 단위로 설정되어 운영되고 있다. 제11차 5개년 계획기간인 2006년~2010년 동안 온실가스 배출강도는 20.8% 저감되었으나 연평균 10%를 상회하는 경제성장률로 온실가스 총배출량은 33.6%가 증가하였다.

국가발전개혁위원회는 제12차 5개년계획(2011년~2015년) 동안 온실가스를 17% 경감했으며 2020년까지 2005년 대비 40%~45% 절감한다는 목표를 설정하였다. 이는 국가 차원에서 에너지 안보 강화, 저탄소 경제로의 전환을 위한 신재생에너지부문 강화, 기후변화 위협으로부터의 대응정책 마련을 목표로 설정된 것이다.

특히 최근 들어 신재생에너지 부문에서는 괄목할 만한 성장세를 보이고 있다. CDM 프로젝트 중 풍력부문에서 전력생산 규모는 2006년 3GW에서 2011년 62GW로 20배 이상 전력생산 규모가 증가하였다. 또한 그린 테크놀로지 중 태양광 부문에서 2011년 350억 달러 부문의 수출실적을 보이는 등 정부 차원에서 신재생에너지에 대한 정책적 지원을 확대하고 있다.

중국의 배출권거래제도는 2008년 도입되었으며 지역단위 자발적 배출권거래 형태로 진행되어 왔다. 중국은 전국 단위의 배출권거래제 도입을 위해 광동성, 후베이성, 충칭시, 상하이시, 선전시, 톈진시, 베이징시를 탄소배출권거래 시범사업지로 선정하고 2013년부터 시범거래가 운영될 전망이다.

2009년~2011년 CO_2 배출량이 1만톤 이상인 전력 및 제조업체, 주요 관공서가 탄소배출권 거래제도에 편입되었고, 배출권의 대부분이 무상 배분될 예정이다. 7개 시범 선정지역의 평균 저감목표는 2010년 대비 2015년까지 18%로 설정됨과 동시에 2013년~2014년의 시범기간 이후 2015년~2016년 사이에 국가단위로 통합되어 운영될 예정이다.

2011년을 기점으로 중국은 최대의 온실가스 배출국이 되었다. 이러한 상황에 발맞춰 국가 주도로 자국 내 온실가스 저감을 위한 다양한 정책과 함께 자발적인 탄소배출권거래제를 도입하고 있다.

앞으로 글로벌 온실가스저감 정책은 일방적인 유엔주도하에서 국가단위로의 이행이 빠르게 전개될 것이다. 따라서 우리나라 녹색성장정책도 이러한 국제환경 변화에 발빠르게 대처해야 할 것이다.

Inside 08 탄소배출권선물과 기초자산

선물거래란 표준화된 선물계약을 매매하는 거래형태로 정의된다. 여기서 선물계약은 표준화된 특정상품을 공인된 파생상품 거래소에서 현재 합의된 가격으로 미래 특정시점에 인수도 할 것을 약속하는 법적 구속력을 갖는 계약을 말한다. 특정 상품이 파생상품으로 상장되기 위해서는 기초자산의 품질, 저장성, 가격구조 및 가격변동의 정도, 헤징수요, 현물시장의 규모를 파악해야 한다.

글로벌 탄소배출권시장 규모는 2011년말 현재 2005년 대비 거래대금기준 1,514%, 거래량기준 1,334% 증가세를 보이고 있다. 탄소배출권 시장은 할당량시장과 프로젝트시장, 이렇게 이원화된 시장 구조로 운영되고 있으며 할당량시장은 2011년말 현재 1,480억 달러 규모이고 프로젝트시장은 270억 달러 규모로 할당량시장이 약 6배 큰 시장 규모를 보이고 있다. 파생상품으로서 탄소배출권 선물이 상장되기에는 충분한 글로벌 시장 규모라 할 수 있다.

최근 EU-ETS시장은 CDM 발행량 증가와 백-로딩에 대한 시장 이슈로 연간변동성이 EUA의 경우 최고 127%, CER의 경우 최고 246%를 보이고 있다. 이러한 변동성의 증가는 헤징수요 및 투기수요로 이어지면서 탄소배출권을 기초자산으로 하는 선물 및 옵션 거래량이 급증하고 있다.

이러한 탄소배출권의 변동성은 시장실패와 외부성을 극복하기 위한 온실가스 정책적인 요인에 기인한다. 탄소배출권시장에서 공급곡선은 계단식 곡선형태를 보이는 반면 수요곡선은 비탄력적인 형태를 보인다. 결국 탄소배출권 가격의 움직임은 공급곡선에 의해서 결정되는 구조가 변동성 확대요인이 된다.

2015년엔 한국형 탄소배출권 선물거래가 상장될 예정으로 탄소배출권 시장은 구조상 다양한 인프라의 구축이 필요하다. 온실가스와 관련된 정교한 MRV 시스템의 구축, 온실가스 등록과 관련된 인프라, 시장실패와 가장 밀접한 할당량, 국제적인 탄소배출권 연계, 오프셋 크레딧 등이 대표적인 인프라로 볼 수 있다. 2011년 기준 온실가스배출량은 아태지역이 154억 톤으로 전체 45.25%를 차지하고 있다. 2015년을 기점으로 중국은 국가단위로 탄소배출권거래제를 운영할 계획이고, 일본은 2010년 4월부터 도쿄-ETS를, 2011년 4월부터 사이타마현-ETS를 이미 운영하고 있다. 향후 동북아지역이 글로벌 탄소배출권시장을 주도할 것으로 전망됨에 따라 우리나라도 이러한 추세에 발맞추어 일관되고 선제적인 온실가스 관련 환경정책 마련이 필요한 시점이다.

Inside 09 탄소배출권가격과 연료 전환가격

환경부 온실가스종합정보센터는 "2010년 온실가스 총배출량이 6억 6,900만tCO_2로, 전년대비 6,000만tCO_2(9.8%) 증가한 것으로 최종 집계됐다"고 27일 발표했다. 2010년의 전년 대비 온실가스 배출량 증가율 9.8%는 1993년에 12.2%를 기록한 이후 17년 만에 가장 높은 것이다. 분야별 배출비중을 보면 에너지(소비) 85.3%, 산업공정 9.4%, 농업 3.2%, 폐기물 2.1%을 차지했고 온실가스별 배출비중은 CO_2(89.1%), CH_4(4.2%), SF_6(2.9%), N_2O(2.1%), HFCs(1.2%), PFCs(0.4%) 순이다.

화석연료 소비비중이 높은 전력회사들의 전력생산 비용은 탄소배출권과 밀접한 관계에 있다. 전력회사들은 화석연료를 이용해 전력을 생산하기 때문에 온실가스 규제와 탄소배출권가격에 매우 민감하다. 따라서 화석연료가격, 에너지효율계수, 탄소배출계수 등을 고려해 발전방식의 우선순위를 정하게 되는데 이를 메리트 오더(Merit Order)라고 한다.

탄소배출권 도입으로 온실가스 배출량이 전력생산 원가에 영향을 미치게 되면서 메리트 오더에도 변화가 생기게 됐다. 과거 메리트 오더는 석탄, 가스, 석유 순이었지만 온실가스 감축 목표가 할당되면서 가스, 석탄, 석유 순으로 바뀔 수 있게 된 것이다.

최근 셰일가스 생산으로 미국내 천연가스가격은 국제가격의 7분의 1 수준으로 하락했다. 미국의 전력회사들이 셰일가스를 이용한 전력생산으로 석탄가격이 하락하는 현상이 나타났다. EU지역은 2020년까지 1990년 대비 온실가스를 80% 줄이겠다는 목표를 설정하였으나 유럽 전력회사들은 국제석탄 가격이 하락하자 석탄발전소를 증설하려는 움직임을 보이고 있다.

화석연료가격은 가스보다 석탄이 저렴하지만 온실가스 배출량은 가스보다 석탄이 많다. 즉 탄소배출권 가격이 높아질수록 가스를 선택하는 것이 유리하고 탄소배출권이 낮아질수록 석탄을 선택하는 것이 유리한 상황이 조성된 것이다. 석탄과 가스를 이용하여 전력을 생산할 경우 화석연료 선택에 있어 무차별하게 해주는 탄소배출권가격 수준이 연료 전환가격이다.

탄소배출권 가격결정은 전력회사들에 의해서 견인되고 결정되는 만큼 화석연료의 가격수준을 감안한 에너지 포트폴리오 차원에서 연료 전환가격이 1차적인 가격결정요인이 된다. 여기에 탄소배출권 수급과 다양한 환경관련 정책 이슈들이 탄소배출권 가격에 반영된다.

2013년 1월말 현재 화석연료 가격수준만 감안한 EU지역의 연료 전환가격은 톤당 32.4유로 수준으로 EUA 시장가격과는 6배 이상 차이를 보이고 있어 에너지 포트폴리오 관점에서 과소평가되어 거래가 되고 있다. 우리나라의 경우 발전단가와 정산단가를 감안한 석탄과 가스 간 연료 전환가격은 톤당 9.796천원으로 추정되고 있다.

Inside 10 탄소배출권거래와 리스크관리

유럽 탄소배출권 파생상품시장은 2005년부터 시작되었다. 유럽 탄소배출권시장의 시장 참가자는 전력, 철강, 화학, 정유, 시멘트, 유리업종과 함께 투자은행, CDM 관련회사, 헤지펀드, 개인 등 매우 다양한 주체들이 시장에 참여하고 있다.

탄소배출권 시장에서 선물옵션 거래비중은 연평균 전체 거래량의 92.6%에 해당한다. EU-ETS의 경우 5년 동안의 계획 기간 안에 매년 이행 기간을 설정해 연말에 배출실적을 마감하게 된다. 그 결과 매년 12월물의 배출권가격이 대표성을 가짐과 동시에 풍부한 유동성을 보이게 된다. 할당 받은 배출권과 실제로 배출하게 되는 과부족분을 연말 이전에 선물이나 옵션시장을 통해 매매하게 된다. 예를 들어, 할당 받은 탄소배출량보다 더 많은 탄소배출량이 예상될 경우와 탄소배출권 가격상승 전망시, 탄소배출권을 미리 구입해 가격상승 리스크를 관리하게 된다.

탄소배출권 파생상품은 에너지 파생상품(전력파생상품, 석탄파생상품, 가스파생상품)에 마지막 라인-업을 형성하는 상품이다. 특히, 상품시장에서 에너지 파생상품은 경기 사이클과 매우 밀접하고, 동시에 계절적 요인(Seasonality)이 매우 강한 상품이다.

상품(Commodity) 파생상품시장의 선물가격은 다양한 요인들에 의해 결정된다. 가장 일반적인 결정요인은 무위험이자율, 저장비용, 편익수익, 기대, 만기요인이다. 대부분의 선물가격은 현물가격보다 높게 형성되는 것이 정상적이다. 이 경우를 컨탱고라 하고 반대로 현물가격이 선물가격보다 높은 경우를 백워데이션이라고 한다. 백워데이션 현상은 CER 선물과 원유 선물시장에서 종종 목격된다. 재고량 부족으로 인한 백워데이션 현상은 현물 가격상승분이 선물의 기회비용과 저장비용을 상쇄하고도 남을 경우, 현물가격이 더 높게 형성되는 가격흐름을 보인다.

탄소배출권 시장에서는 할당량시장인 EUA 선물시장에서 컨탱고 현상을 보이는 반면에, 프로젝트 시장인 CER은 계획기간 후반기엔 다음 계획기간에 대한 리스크 요인들에 의해 백워데이션 현상이 나타난다. 따라서 CER 선물의 경우 EUA가격 대비 할인(Discount)되는 부분과 함께 원월물들도 비정상적인 가격흐름을 보인다.

EU지역 탄소배출권 현물가격을 이용하여 조건부이분산모형으로 변동성을 추정한 결과, 2013년 2월 4일 현재, EUA가격 연간변동성은 153.60%, 2013년 3월 1일 현재, CER가격 연간변동성은 332.25%로 사상 최대의 변동성을 보이고 있다. 따라서 어느 시장보다 탄소배출권시장에 대한 리스크 관리는 반드시 수반되어야 한다.

찾아보기 INDEX

저자 소개

김태선

경제학 박사수료
삼성투신(주) 투자공학팀 대리
제일선물(주) 투자공학팀 팀장
현대선물(주) 금융공학팀 부장
파생상품투자상담사 출제위원
한국거래소 상품개발 실무위원
(현) 글로벌탄소배출권연구소 소장
　　파생상품투자상담사
　　금융투자분석사

KAIST 대학원 강의
고려대학교 대학원 강의
연세대학교 대학원 강의
금융투자협회 강의
한국금융연수원 강의
보험연수원 강의 등
매일경제 강의
e-daily TV출연
SBS-CNBC출연
MBN TV출연 등

[저서]
『주가지수옵션시뮬레이터』(진리탐구)
『탄소시장의 비밀』(경문사)
『에너지 · 탄소배출권 다이제스트』(경문사)

김대형

한양대 경제학/수학 졸업
한양대 경제학석사(수료)
본드웹 리서치팀
LIG투자증권 리서치센터
현대선물(주) 금융공학팀
(현) 글로벌탄소배출권연구소 리서치센터장

천승혁

Luther College High School 졸업 (Canada)
한동대학교 경영학, 국제법 학사 졸업
대신증권 트레이딩부 근무
(현) 현대선물(주) 글로벌파생팀 근무

에너지 · 탄소배출권시장개론

저자 김태선·김대형·천승혁
펴낸이 한헌주
펴낸곳 도서출판 경문사
등록 1995년 11월 9일 제300-1995-138호
주소 서울특별시 서대문구 독립문로 21-9
전화 02)738-7035(대표)
팩스 02)722-4678
이메일 kmsp@korea.com
홈페이지 http://www.kmsp.co.kr
인쇄 2013년 5월 15일
발행 2013년 5월 22일

값 20,000원
ISBN 978-89-420-0786-8 93320